최정윤의
The Art of
Sugarcraft

저자 | 최정윤

최정윤의
슈가크래프트(The Art of Sugarcraft)

2008년 11월 05일 초판 1쇄 발행
2013년 04월 10일 초판 2쇄 발행

지은이 | 최정윤
펴낸이 | 이종춘
펴낸곳 | BM 성안당
주소 | 413-120 경기도 파주시 문발로 112
전화 | 031) 955-0511
팩스 | 031) 955-0510
등록 | 1973.2.1 제13-12호
출판사 홈페이지 | www.cyber.co.kr

ISBN | 978-89-315-7340-4(13630)
정가 | 25,000원

이 책을 만든 사람들
기획·진행 | 이구, 박은미
교정 | 박은미
편집 | 터닝포인트
표지 | 터닝포인트
홍보 | 박재언
제작 | 구본철

Copyright ⓒ 2008~2013 by Choi, Jung-Yun All right reserved.
First edition Printed 2008. Printed in Korea.

이 책의 어느 부분도 저작권자나 BM 성안당 발행인의 승인 문서 없이 일부 또는 전부를 사진 복사나 디스크 복사 및 기타 정보 재생 시스템을 비롯하여 현재 알려지거나 향후 발명될 어떤 전기적, 기계적 또는 다른 수단을 통해 복사하거나 재생하거나 이용할 수 없음.

※ 잘못된 책은 바꾸어 드립니다.

The Art of Sugarcraft

Acknowledgments

내 가족의 사랑과 주변인들의 도움 없이는 이 책이 나올 수 없었음을 확신합니다.
모든 분들께 감사의 인사를 전합니다.

애정 어린 눈으로 사물을 바라볼 수 있게 사랑과 정성으로 가르쳐 주신 나의 엄마.
이제는 당신을 직접 보고 마음을 표현할 수는 없지만 이 책을 통해 당신에 대한
나의 사랑과 감사의 마음을 전합니다.
사랑해요. 고마워요 엄마.

인생의 기로에 서 있었을 때 아낌없는 격려와 응원으로 슈가크래프트를 계속 할 수 있도록 이끌어준 Louis.
감사합니다.

책이 나오기까지 궂은 일 마다하지 않고 도움을 준 John.
늘 그렇듯 감사합니다.

사랑하는 내 가족들과 무파사와 심바.
당신들은 내 힘의 원동력입니다.
감사합니다.

아름다운 슈가크래프트의 세계에 눈 뜨게 해주신
Jane , Geraldine, Alan , 최두리 선생님 감사합니다.

늘 나의 곁에서 손발이 되어 도와주는 영윤에게도 고마움을 전합니다.

이 책이 나오기까지 도움을 주신 모든 관계자 여러분께 진심으로 감사의 말씀을 전합니다.

Introduction

매우 화창하던 어느 날.

런던 첼시 고급 주택가 근처, 작고 예쁜 가게의 쇼 윈도 앞에서 난 할 말을 잃은 채 서있었다.
저게 무엇이더란 말인가?

난생 처음 본 아름다운 슈가크래프트 장식의 케이크를 보고 또 보며 감탄만 연발했다.
내겐 아직도 그날의 탄성이 들리는 듯하다.
내가 슈가크래프트와 사랑에 빠진 바로 그날이다.

하필이면…….
어떤 이들은 가끔 물어본다.
'그냥 생화로 장식하면 되지 왜 힘들게 설탕으로 그런 걸 만드세요?'

나는 천성적으로 예쁜걸 아주 좋아한다.
아기자기한 소품이나 인형같이 예쁜 장식품들을 조르륵 늘어놓고 바라보며 흐뭇해한다.
이렇게 보는 것만으로도 즐거운데 내 손으로 직접 설탕으로 예쁜 꽃들을 만들어 내기까지 하면
그 기분은 세상이 내 것인 듯 의기양양 해진다.
내가 만지면 만지는 대로, 색칠을 하면 색칠을 하는 대로 변화된 설탕반죽 모습은
나의 수고와 노력에 대한 보답으로 아름다운 자태를 보여준다.
게다가 그 아름다움은 오랫동안 변치 않는 모습 그대로 남아 준다.
나의 지친 몸과 마음을 치유해주는 고맙고 애틋한 존재.
그래서 난 슈가크래프트를 한다.

<The Art of Sugarcraft>를 통하여 좀 더 많은 사람에게 슈가크래프트가 무엇인지,
어떤 예술인지를 알리고자 하는 마음으로 이 책을 쓰게 되었다.
또 설탕이 아름다운 꽃으로, 사물로 변신하는 신기한 과정을 통해
내가 느끼는 이 즐거움을 여러 사람들과 함께 나누고 싶다.

Sugarcraft

- Photo Gallery -

Sugarcraft

Contents

Acknowledgments

Introduction

Sugarcraft의 정의 · 016

Sugarcraft와 웨딩케이크의 역사 · 018

기본 테크닉 · 020

슈가크래프트 기본 기법 · 022

기본 도구 · 026

슈가 페이스트 · 028

플라워 페이스트 · 029

Templates – 꽃잎 패턴 · 031

기호 표시 · 033

Contents

1. 보랏빛 향기(스카비오사와 콘플라워) · 034

2. Sweet Dreams(패럿 튤립과 튜브 로즈) · 044

3. 라비앙 로즈(장미와 안개꽃) · 052

4. 노을빛 추억(하이비스커스) · 060

5. 스칼렛 오하라(양귀비) · 064

6. 깊은 산 오솔길 옆(산수국) · 070

7. 나비야 나비야(온씨디움) · 074

8. 봄이 오면(모란과 벚꽃) · 078

9. 기다림(수선화) · 086

10. 회상(알스트로미리아, 스테파노티스, 다프네) · 092

11. 내게로(심비디움) · 102

12. 차이나타운(작약) · 108

13. 퀸 빅토리아(장미, 쟈스민, 스윗피, 피트리아) · 114

14. 내 이름을 묻지 마세요(슬리퍼 오키드) · 124

15. 질투는 나의 힘(플레임 릴리) · 130

Sugarcraft의 정의

1. Sugarcraft란?

설탕을 주재료로 하여 각종 장식물을 만드는 것으로서 그 분야와 용도가 매우 세분화되어 있다. 슈가크래프트는 크게 세 분야로 나뉘는데 Flower paste로 꽃을 만들어 장식하는 Wired flowers 기법, Sugar paste를 이용하여 각종 장식품을 올리는 Modelling 기법, Royal icing을 가느다란 튜브로 짜서 케이크를 장식하는 Piping 기법이다.

작가의 개성에 따라 케이크 장식이 될 수도 있고 테이블의 센터피스로 응용될 수도 있으며 기념일을 축하하는 기념품이 되기도 한다. 슈가크래프트의 원조국이며 세계적인 아티스트들이 집중적으로 모여 있는 영국의 창의성이나 독창성은 매우 독보적이다.

2. Sugarcraft Artist(슈가크래프트 아티스트)란?

슈가크래프트를 이용하여 각종 기념일 케이크 또는 생활 소품을 만드는 작업을 하는 슈가크래프트 아티스트는 현재, 한국에서 희소성의 가치를 인정받을 수 있는 매우 특이한 직업 중의 하나이다.

주로 슈가 플라워로 아름다운 센터피스를 만드는 슈가 플로리스트, 아이들이 좋아하는 캐릭터케이크를 주로 만드는 노벨티케이크 디자이너(기념일이나 화려한 웨딩케이크를 만드는 웨딩케이크 디자이너), 설탕을 이용하여 각종 사물과 소품 등을 만드는 모델링 전문가 등 설탕을 이용한 작업의 활용범위는 무궁무진하다.

이처럼 같은 슈가크래프트 아티스트라 하더라도 각자의 화려한 개성과 실력을 살려 다양하고 역동적으로 표현할 수 있다.

3. Sugarcraft의 응용 범위

슈가크래프트가 가장 대중적으로 많이 활용될 수 있는 분야는 각종 센터피스(centerpiece)와 기념일 케이크이다.

슈가크래프트로 만든 기념품은 설탕 자체가 천연 방부제이므로 변치 않는 아름다움을 자랑한다.

케이크 윗면의 Top 장식은(꽃 또는 모델링) 오랜 시간 동안 그 특별한 날을 기리며 기념으로 보관할 수 있으며, 케이크의 아랫단 부분은 돌아오는 기념일마다 조금씩 나누어 먹을 수 있다.

케이크 뿐 아니라 슈가 플라워의 시들지 않는 아름다움을 장점으로 세워 파티나 식탁을 아름답게 꾸며주는 테이블 센터피스, 푸드 데코레이션, 결혼식을 길이 남기기 위한 보관용 부케, 프러포즈를 위한 슈가 플라워, 선물용 데코레이션 등 많은 곳에서 사용되고 있다.

Sugarcraft와 웨딩케이크의 역사

고급지향주의가 부각되는 요즘, 남들과 다른 특별한 기념일이나 결혼식을 만들기 위해 영국식 슈가크래프트가 접목된 기념일 케이크를 이용하는 경우가 많아지고 있다.
변치 않는 아름다움으로 빛나는 특별한 날을 만들어 주는 슈가크래프트와 웨딩케이크의 유래를 살펴보겠다.

결혼식을 위한 웨딩케이크의 전통이 생긴 것은 로마시대로 거슬러 올라간다.
처음엔 신에게 바치기 위한 것으로 주변에서 흔히 볼 수 있는 케이크였다.
이 케이크들은 신의 가호를 비는 의미로 신부의 머리 위에 가루로 뿌려졌는데 이것이 바로 'crowning the bride(크라우닝 더 브라이드)' 라 불리는 의식이다.
이후 B.C. 54, 줄리어스 시저에 의해 영국으로 건너온 이 전통은 초기엔 한 지역의 풍물 정도로만 여겨졌다. 처음엔 이런 전통 자체도 매우 부자인 사람에게나 가능한 의식이었을 뿐 평민이 감당하기엔 힘든 일이었다고 한다. 그래서 가난한 사람은 케이크 가루 대신 그냥 보리나 밀 같은 곡물을 신부의 머리에 흩뿌리며 다산을 기원하는 의식 정도로 마무리했다.

200년 전까지만 해도 crowning the bride(크라우닝 더 브라이드) 전통은 충실히 지켜졌는데 시간이 지나면서 시대에 맞게 변형되었다.
하객들은 신부의 머리에 케이크 가루 대신 쌀과 같은 곡물을 뿌리며 축하해 주고, 결혼식 참석한 보답으로 한 조각의 케이크를 선물 받아 연회에서 먹거나 또는 집으로 가져갔다.

데코레이티드 케이크(장식된 케이크)는 엘리자베스 1세 때(헨리 8세의 딸이자 블러디 메리의 이복 동생으로 셰익스피어가 살았던 시대의 여왕) 처음으로 소개되었다. 당시 데코레이티드 케이크는 결혼식에서 서빙되지는 않지만, 먹기만 하는 것이 아니라 눈으로도 즐길 가치가 있는 최초의 케이크가 등장한 때였다. 또, 데코레이티드 케이크는 성대한 연회에서 귀빈들을 기쁘게 해줄 화려한 센터피스로 장식되어 사람들의 탄성을 자아내게 하는 데 큰 역할을 했다.

이 당시 웨딩케이크의 형태는 지금과 아주 다르다.
아주 작게 나뉜 케이크들은 끈적한 아몬드 페이스트로 코팅된 상태였으며(bun의 형태였다고 나와 있는데 번이란 손바닥만 한 잉글리시 빵의 한 종류이다), 장식은 주로 몰드(장식용 틀)로 찍어낸 아몬드 페이스트(마지팬)를 이용하여 모양을 만들었다. 이 케이크는 신의 가호를 빌기 위한 의식으로 예식 때 일부는 신부의 머리에 뿌려지고 일부는 신부의 웨딩반지 위에 으깼다. 또한 웨딩케이크의 일부는 하객들이 나눠먹기도 했다. 일부러 담장 밖으로 던져진 케이크는 가난하고 배고픔에 굶주리는 사람들의 기쁨이 되기도 하였다. 그리고 나머지는 얼른 쌓아 올려 신랑과 신부가 쌓여진 이 케이크 더미 위에서 다산을 기원하는 키스를 하였다.

이 끈적한 아몬드 번들 더미가 예쁜 케이크로 변모하게 되는 데는 역사적 배경이 있다.
1660년 찰스 2세가 프랑스에서 영국으로 들어오면서 그의 사랑스런 요리사들과 더불어 프렌치 패이스츄리 셰프도 함께 데리고 왔다. 고품격차원의 눈을 가진 프렌치 셰프들의 눈에 비친 끈적한 아몬드 빵 더미는 그야말로 재앙처럼 보였다.
그 중 찰스 2세가 아끼는 셰프 한 명은 '저런 케이크는 전혀 식욕을 돋우지도 않고 아름답지도 않으니 모두 한데 뭉쳐 크게 만들고 sugar crust(설탕 부스러기)로 겉면을 아이싱한 후 trinket(작은 장신구)로 데코레이션 하자' 는 제안을 했다. 이렇게 장식된 케이크가 등장한 후 유럽의 셰프들 사이엔 데코레이티드 케이크가 큰 반향을 불러일으켰고, 너도 나도 환상적으로 장식된 케이크를 선보이기 시작했다. 경쟁은 점점 더 치열해져서 모든 셰프들은 왕의 테이블에 어울린 만한 케이크 디자인을 개발하기 위해 힘썼다.

현대에 이르러 웨딩케이크가 갖는 가장 큰 의미는 변치 않은 아름다움을 오랫동안 보존할 수 있다는 것이다.
마지팬과 슈가 페이스트를 이용해 공기가 통하지 않도록 커버링 된 케이크는 보존성이 매우 뛰어나 장기간 보관이 가능하다. 케이크 장식으로 사용되는 슈가 플라워 부케나 각종 장식물들은 설탕자체가 천연방부제인 만큼 그 아름다움을 잃지 않고 결혼식의 기억을 고스란히 남길 수 있는 훌륭한 기념품이 된다.

높아진 생활수준과 해외여행의 대중화로 인해 이미 한국에서도 상류층을 중심으로 유럽의 고급문화인 슈가크래프트와 웨딩케이크에 대한 관심이 점점 높아지고 있으며, 고품격의 아름다움으로 대중 앞에 친근하게 다가서는 문화 트렌드로 자리 잡아 가고 있다.

기본 테크닉

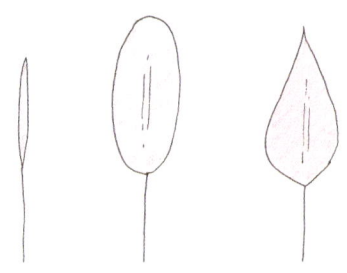

Wired flowers(철사를 이용한 기법)

소량의 반죽을 이용하여 철사에 심지를 감는다.
보드의 홈 사이에 심지를 감은 철사를 놓고 그 위로 반죽을 덮어 밀어 납작하게 만든 후 꽃잎 모양으로 오려 낸다.

Pulled flowers(손으로 눌러 만드는 기법)

물방울 모양으로 만든 반죽 가운데 구멍을 낸 후 가위로 등분을 한다.
손으로 매만져 꽃잎 모양의 형태를 잡는다.
꽃잎의 종류에 따라 넓이를 조절하며 밀어 편다.

Mexican hat method(멕시칸 햇 기법)

멕시코 모자 모양의 반죽을 만든다.
셀스틱을 이용하여 가장자리를 넓고 얇게 민다.
커터를 이용해 꽃을 찍어 낸다.
철사에 고리를 만들어 걸어준다.

프릴 넣기

bone tool(본 툴)이나 ball tool(볼 툴)을 이용하여 꽃잎의 가장자리를 부드럽게 문질러 주면 프릴이 생긴다.

Veiner(잎맥틀) 사용하기

꽃잎 모양으로 만든 반죽을 베이너(꽃잎이나 잎의 무늬를 찍는 기구) 사이에 넣고 손끝으로 눌러 주면 잎맥이 찍힌다.

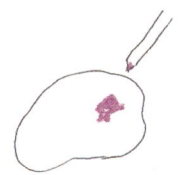 

Paste 색소(페이스트 색소)로 물들이기

흰 반죽에 소량의 페이스트 색소를 넣고 치대어 준다(이때, 이쑤시개를 사용하면 양조절을 하기 쉽다).

Dusting 하기(가루 색소로 색칠하기)

넓은 붓을 이용하여 꽃잎의 원하는 부분에 가루 색소를 칠해 준다.
가루가 날리지 않도록 티슈에 여러 번 양을 조절한 후 칠한다.

Painting 하기(무늬 그려 넣기)

알코올로 가루 색소를 개어 붓으로 무늬를 그려 넣는다.

슈가크래프트 기본 기법

와이어드 플라워즈(Wired Flowers) 기법

1 소량의 반죽을 철사에 감아 심지를 만든다.

2 보드의 홈 사이에 심지를 넣어 고정시킨다.

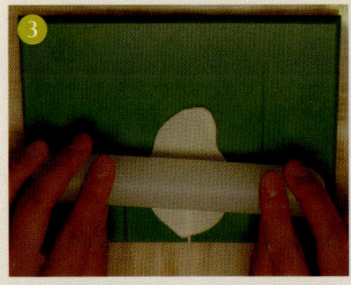
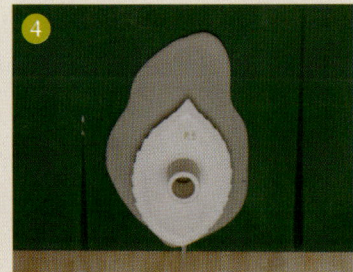

3 소시지처럼 갸름하게 모양을 잡은 반죽을 그 위에 얹는다.

4 커터를 사용하여 원하는 모양을 찍어 낸다.

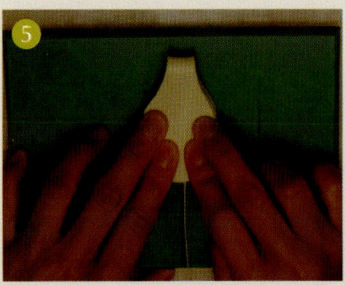

5 찍어낸 반죽에 베이너를 사용하여 잎맥을 찍는다.

6 스펀지 패드 위에 올려놓고 반죽의 가장자리를 본 툴로 굴려 준다.

멕시칸 햇(Mexican hat Method) 기법

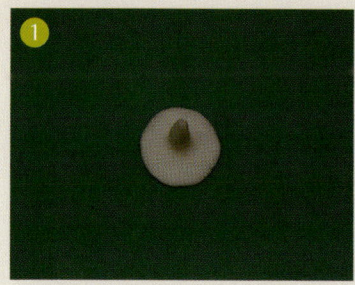 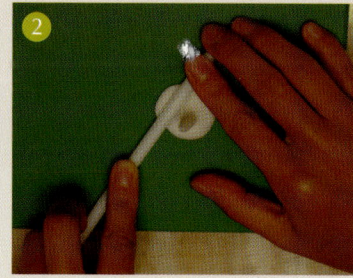

1 반죽을 멕시코 모자(윗부분은 뾰족하고 챙 부분은 넓게) 모양으로 만든다.

2 챙이 되는 부분을 셀스틱을 이용하여 넓게 밀어 펴 준다.

3 커터를 이용하여 모양을 찍어낸다.

4 완성된 모양

풀드 플라워즈(Pulled Flowers) 기법

1 물방울 모양의 반죽을 만든다 (꽃의 모양에 따라 클 수도 작을 수도 있다).

2 셀 스틱을 이용하여 가운데 구멍을 낸다.

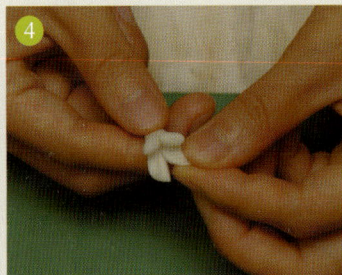

3 소시지처럼 갸름하게 모양을 잡은 반죽을 그 위에 얹는다.

4 커터를 사용하여 원하는 모양을 찍어 낸다.

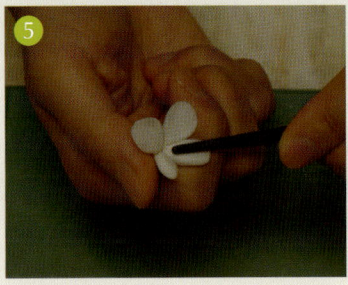

5 실크 베이닝 툴을 이용하여 각 꽃잎을 얇게 밀어 편다.

6 완성된 모습

기본 도구

1. rolling pin(롤링 핀) - 반죽을 밀어서 펼 때 사용한다.

2. cel stick(셀 스틱) - 굵기가 연필만한 것부터 이쑤시개만한 것까지 아주 다양하다. 반죽을 밀거나 모델링할 때 사용한다. 버버리가 마치 트렌치코트를 대표하듯 cel사의 제품이 가장 유명한 관계로 가는 스틱이나 핀을 모두 셀 스틱, 셀 핀이라 부르게 된 유래가 있다.

3. silk veining tool(실크 베이닝 툴) - 개럿 프릴을 만들거나 꽃잎의 맥을 표현할 때 사용하는 기구이다.

4. bone tool(본 툴) - 마치 뼈다귀처럼 생겼다 해서 붙여진 이름으로 반죽에 프릴 모양을 만들거나 가장자리를 부드럽게 펴주는 기구이다.

5. cutting wheel or wheel cutter(커팅 휠, 휠 커터) - 바퀴처럼 생긴 둥근 날이 붙어 있는 기구로 반죽의 단면을 자를 때 사용한다.

6. nonstick board(넌스틱 보드) - 반죽을 밀 때 사용하는 보드로 반죽이 달라붙지 않고 무독성의 플라스틱 재질이다(홈이 패여 있는 것은 grooved board라고 한다).

7. cel pad(셀 패드) - 스펀지 패드라고도 부른다. 가장자리를 펴 줄때 밑에 받쳐주는 역할을 하는 것으로 아주 단단한 재질부터 물렁한 것까지 취향과 용도에 따라 선택이 달라진다.

8. crimper(크림퍼) - 모양을 내는 집게로 가장자리를 집어 다양한 무늬를 내는 기구이다.

9. 공예용 가위

10. veiner(베이너) - 각종 꽃잎이나 잎의 잎맥을 찍는 기구이다.

11. cutter(커터) - 각종 꽃이나 잎사귀 모양을 찍어 내는 틀이다. 쉬운 예로 과자를 모양내어 찍는 쿠키 커터를 생각하면 된다.

12. florist tape(플로리스트 테이프) - 철사의 표면을 감싸는 테이프

13. brush(브러시) - 붓

14. dusting power(더스팅 파우더) - 가루 색소

15. paste colour(페이스트 컬러) - 반죽용 색소

16. wire(와이어) - 철사

17. plunger(플런저) - 작은 꽃이나 모양 등을 찍어냄과 동시에 붙여주는 기구이다.

18. lace mould(레이스 몰드) - 레이스처럼 생긴 고무 틀의 슈가 페이스트로 모양을 찍어 레이스 장식을 낼 때 사용하는 기구이다.

19. ribbed rolling pin(립드 롤링 핀) - 세로로 골진 무늬가 들어간 소형 밀대로 스모킹(영국 정통 주름 모양) 효과를 낼 때 사용한다.

20. quilting wheel(퀼팅 휠) - 반죽에 톱니자국을 낼 때 쓴다.

21. smoother(스무더) - 케이크의 표면을 매끈하게 만들 때 필요한 작은 판이다.

22. glass head pin(글래스 헤드 핀) - 머리 부분이 반질반질하고 재봉 핀처럼 생긴 핀들이다. 로열 아이싱 작업 시 매우 요긴하다.

23. palette knife(팔레트 나이프) - 로열 아이싱의 공기를 빼주는 과정(기포를 없애주는 작업)이나, 얇은 페이스트를 떼어 낼 때 이용한다.

24. nozzle(노즐) - 파이핑 튜브(짜기 깍지)의 다른 표현이다.

25. scriber(스크라이버) - 얇은 바늘로 슈가 페이스트 표면이나 로열 아이싱 표면에 흠집을 내어 미리 표시를 할 때 필요하다.

26. wire cutter(와이어 커터) - 철사를 자를 때 사용한다.

슈가 페이스트

폰던트라고도 불리는 무른 반죽으로, 커버링을 하거나 플라워 페이스트 또는 파스틸라쥬 반죽을 섞어 모델링을 할 때 사용한다.

재료 and Recipe
- 분당-500g
- 젤라틴-12g
- 물-35g
- 물엿-80g
- 쇼트닝-약 10g
- 계란 흰자 1개(날씨가 습하면 안 넣어도 되고 건조하면 넣어 준다. 날씨에 따라 조절한다.)

1 젤라틴을 물에 불린다.

2 불린 젤라틴을 중탕해서 녹인다.

3 중탕된 젤라틴에 물엿과 쇼트닝을 넣고 계속 중탕하며 섞는다.

4 분당에 중탕된 믹스처를 넣고 섞는다(뻑뻑한 듯하면 흰자를 섞는다).

5 손에 쇼트닝을 듬뿍 발라 빵 만들 때 둥글리기를 하듯 두 손으로 둥글둥글 둥글리며 반죽한다.

6 탱글탱글하게 반죽되면 비닐 팩으로 싸서 밀폐용기에 넣은 다음 24시간 실온보관 후 사용한다.

플라워 페이스트

꽃을 만들 때 사용하는 검이 첨가된 단단하고 힘이 있는 쫄깃한 반죽이다.

재료 and Recipe
- 분당-500g
- 검 트라카간쓰 또는 CMC(식용 고무 분말)-12g
- 젤라틴-12g
- 물-35g
- 물엿-50g
- 쇼트닝-소량
- 계란 흰자-1개
- 레몬즙-아주 조금

플라워 페이스트 만드는 법

1 불린 젤라틴은 중탕으로 녹인다.
2 물엿을 넣고 함께 중탕한다.

3 쇼트닝도 넣고 함께 녹인다.
4 분당에 CMC를 섞어준다.

5 중탕된 믹스처를 가루에 섞는다.

6 계란 흰자를 섞는다.

7 잘 섞고 어느 정도 섞이면 레몬즙을 넣는다.

8 다시 잘 치댄다.

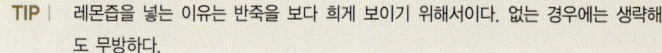

TIP | 레몬즙을 넣는 이유는 반죽을 보다 희게 보이기 위해서이다. 없는 경우에는 생략해도 무방하다.

9 비닐 팩에 싼다.

10 밀폐용기에 넣어 하루 숙성시킨 후 사용한다.

재료 구입처 | 분당, 젤라틴, 쇼트닝 등은 제과재료 온라인 쇼핑몰 또는 오프라인 매장(방산 시장)에서 구매가능하며 CMC(식용 고무 분말)와 슈가크래프트 기구는 www.sugaring.co.kr 또는 www.lovablesugar.co.kr에서 구입할 수 있다.
슈가링에서는 영국 수입품 및 국내에서 자체 제작된 고품질의 몰드 및 베이너 등을 만날 수 있으며, 러버블 슈가의 경우는 국내에서 찾기 힘든 다양한 영국제품 판매와 더불어 구매하고 싶은 영국 제품들을 구매대행 해주기도 한다.

Templates - 꽃잎 패턴

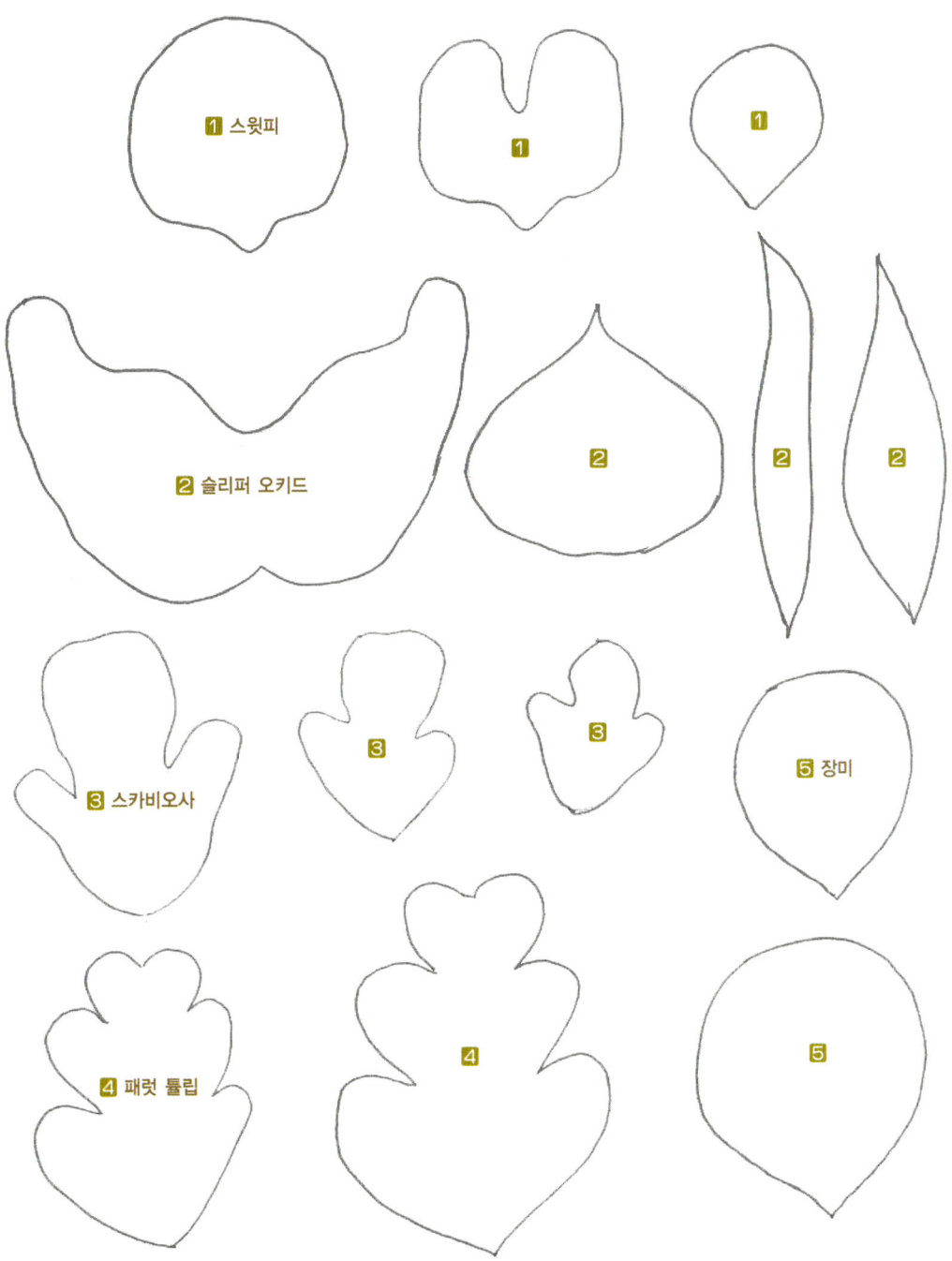

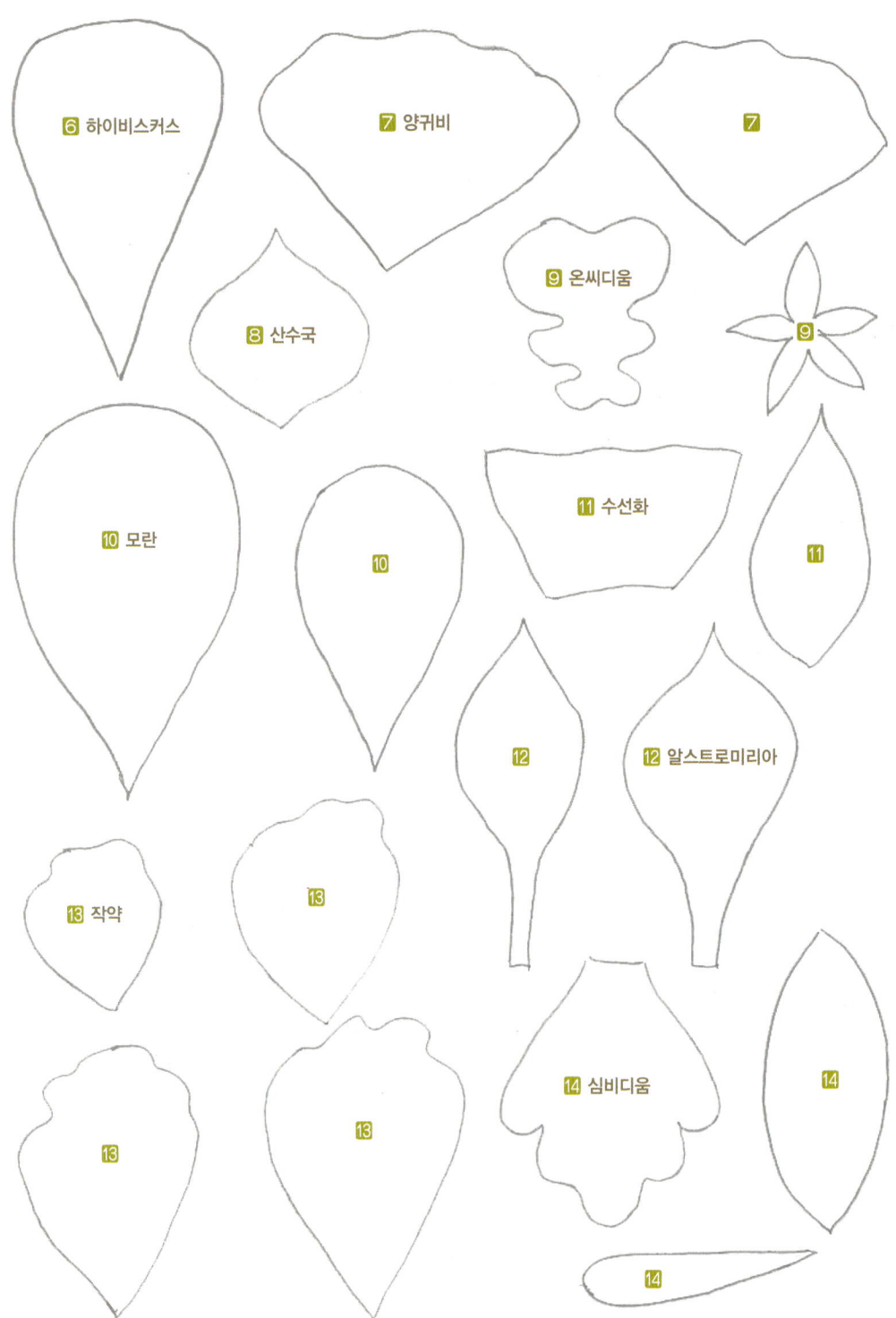

기호 표시

핀셋

윌 커터

본 툴

실크 베이닝 툴

이쑤시개

테이프

고리를 만든 철사

보랏빛 향기
― 스카비오사와 콘플라워 ―

사진만큼 아름답지도 나풀거리지도 않는
스카비오사의 생화를 처음 봤을 때 난, 적잖이 실망했다.
아마도 꽃의 상태가 아주 싱싱하지 않아 그럴 수도 있었겠지만……

결국은 생화보다 아름다운 모습을 간직하고 있는 사진을 보며 만들기로 결정했다.
내 맘대로 보라색도 한껏 넣고 콧노래로 강수지의 '보랏빛 향기'를
연신 흥얼거리며 정말 온갖 예쁜 척을 해가며 만들었다.

스카비오사

붉은 보라색에서부터 푸른빛을 띤 보라색까지 다양한 보랏빛을 가지고 있는 화사한 꽃이다.

콘플라워의 푸른색과 매치하면 신비로운 느낌이 가득한 센터피스가 된다.

스카비오사 만들기

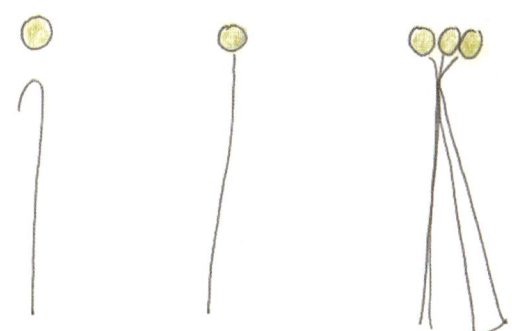

1 작은 구슬 모양으로 만든 연한 연두색 반죽을 고리 모양으로 만들어 준비해 놓은 철사에 걸어 준다.

2 검지와 중지 손가락 사이에 실을 약 3~4회 감아 둥글게 만들어 8자 모양으로 꼰 후 반으로 접어 고리 모양의 철사에 건 다음 테이프로 고정시킨다.
   철사에 고정시킨 동그란 원 모양으로 꼰 실을 반으로 자른 후 실의 끝을 가위로 고르게 다듬는다.

3 실과 구슬들이 달린 철사가 예쁜 모양으로 어우러지도록 한데 모아 테이핑하여 센터를 완성시킨다.

4 카네이션 커터를 이용해 모양을 낸 반죽에 실크 베이닝 툴을 이용하여 프릴을 만든다.
　만들어 놓은 센터를 중심으로 꽃잎 두 겹을 붙인다.

5 꽃잎에 가위집을 넣어 모양을 만든다.

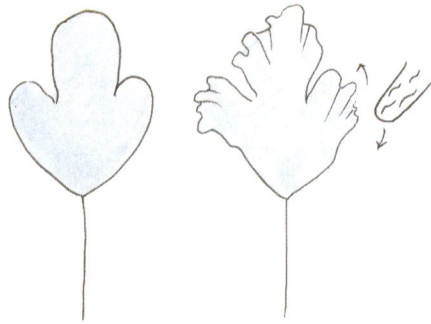

6 연한 하늘색 반죽으로 꽃잎을 밀어 편 다음(wired flowers 기법) 실크 베이닝 툴로 강한 프릴을 만든다.
　이와 같은 방식으로 크고 작은 꽃잎을 10~12장 정도 만든다.

7 센터를 중심으로 작은 꽃잎부터 차례로 감아 나간다. 그 다음 콘플라워와 바이올렛 색으로 더스팅 한다.

FLOWER TIP
센터를 만드는 구슬을 빚을 때 petal base 사용을 자제해야 한다.
처음엔 만들 때 손에 달라붙지 않아 아주 유용한 듯 느껴지지만 나중에 그 위로 더스팅(가루 색소로 색칠을 하는 작업)을 할 시, petal base 가 많이 묻은 부분에 보기 싫은 얼룩이 생기게 때문이다.

콘플라워

작고 새파란 꽃들이 오골오골 모여 있는 콘플라워.
만드는 데 딱히 어려운 점은 없다. 단지 좀 지루할 뿐,
인내심을 기르는데 아주 그만이다.

콘플라워 만들기

1 푸른색 반죽을 준비한다. 멕시칸 햇 기법으로 작은 꽃잎을 찍은 후 가는 스틱이나 이쑤시개를 이용하여 꽃잎을 펴준다. 커터가 없는 경우 Pulled flowers(기법 설명 23쪽 참조) 기법으로 만들기도 한다.

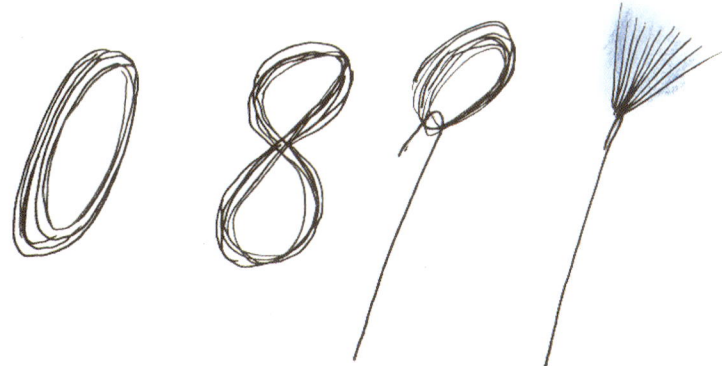

2 검지와 중지 손가락 사이에 실을 약 3~4회 정도 감아 둥글게 만 실을 반으로 접어 고리 모양의 8자로 꼰 후 철사에 건 다음 테이프로 고정시킨다. 철사에 고정시킨 동그란 원 모양의 실을 반으로 자른 후 실의 끝을 가위로 고르게 다듬는다.

3 ❶에서 만든 꽃잎을 철사에 꿰어 약 5~6개씩 묶은 후 콘플라워로 더스팅 한다.
실을 콘플라워 색상으로 물들인 후, 실을 중심에 두고 주변에 꽃을 7~8송이 감는다.
녹색 반죽으로 꽃받침을 붙인 후 가위집을 넣어 표면을 가슬가슬하게 표현한다.

 FLOWER TIP
꽃의 색상을 만들기 위해 색소를 지나치게 사용하면 반죽이 질어져 작은 꽃을 만들기가 너무 어렵다.
그럴 경우 반죽을 잠깐 건조시켜 사용하면 된다.

보랏빛 향기를 위한 데코레이션

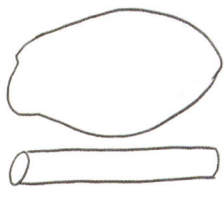

1 흰색 슈가 페이스트를 넓게 편다.

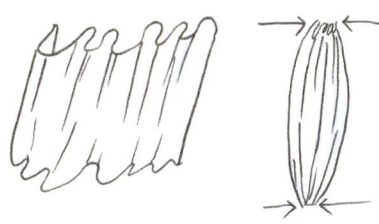

2 손으로 윗부분과 아랫부분을 살짝 접어가며 조금씩 주름을 잡는다.

3 준비된 스티로폼(사포로 갈아서 타원형으로 모양을 만든 스티로폼)에 물을 이용하여 한 쪽 면부터 차곡차곡 붙여 나간다.

4 둥글게 재단한 페이스트를 윗면에 붙인다.

5 보드위에 고정시키고 작은 구슬 모양으로 반 죽을 빚어 중간 중간을 장식한다. 보랏빛 펄 파우더로 가볍게 색칠한다.

〈보랏빛 향기〉를 위한 준비물 밀대, 보드, 실, 철사, 윌 커터, 실크 베이닝 툴, 이쑤시개, 가위, 본 툴, 꽃 테이프, 콘플라워 커터, 셀 패드, 카네이션 커터, 가루 색소(콘플라워, 바이올렛, 바이올렛 펄파우더), 페이스트 색소(푸른색-베이비 블루), 스티로폼, 사포, 케이크 보드

Sweet Dreams

- 패럿 튤립과 튜브 로즈 -

"저것도 튤립 맞아?"
패럿 튤립을 처음 보는 사람들의 반응이다.
단아한 모습을 하고 있는 여느 튤립들의 모습과는 다르게 갈라지고 찢어진
거친 얼굴로 야성적인 느낌을 주는 꽃잎의 모양새가 아주 마음에 들었다.

그녀의 섹시하고 대담한 모습이 좋다.
아주 솔직해 보여서 좋다.

패럿 튤립

일반 튤립과는 달리 색상과 모양새가 매우 대담하다.
남과 다른 독특함을 자랑하고 싶을 때 사용하면 좋다.

패럿 튤립 만들기

1 고리 모양으로 만든 철사 끝에 소량의 반죽을 붙여 여섯 개의 수술을 만든 다음, 암술을 중심으로 수술을 엮어 센터를 만든다. 암술은 오버진, 수술은 엑 옐로로 색칠한다.

2 연한 분홍색 반죽으로 꽃잎 모양을 만든 후 이쑤시개를 이용해 V자 모양으로 잎맥을 넣는다. 윌 커터로 가장자리를 불규칙하게 잘라 준다.

• 센터(영-center, 미-center)-슈가 플라워를 만들 때 암술과 수술을 엮어 꽃의 중심이 되는 부분을 지칭한다.

3 플럼과 엑 옐로를 이용해 더스팅 한 후, 모스그린을 알코올에 개어 붓으로 무늬를 그린다. 센터를 중심으로 꽃잎을 테이핑 한다.

FLOWER TIP
꽃잎의 자세한 맥을 나타내려 굳이 베이너를 사용할 필요 없이 베이닝 툴을 이용하여 꽃잎 위를 방사형으로 눌러 주면 된다.
꽃잎 끝부분으로 갈수록 힘을 더 주어 그 특유의 지저분함을 강조해 준다.
갈라지는 끝부분은 윌 커터를 이용해 snip(가위집 넣기)해 준다.

튜브 로즈

꽃 자체가 크지 않으므로 메인으로 사용하기 보다는 전체적인 분위기를 부드럽게 해줄 때 섞어 사용한다.

튜브 로즈 만들기

1 흰색 반죽을 이용하여 여섯 잎 꽃잎 커터로 꽃잎 세 장을 찍는다.
작은 수술을 엮은 철사에 세 장의 꽃잎을 차례로 꿰어 붙인다. 꽃잎을 붙일 때는 붓에 물을 묻혀 사용한다.

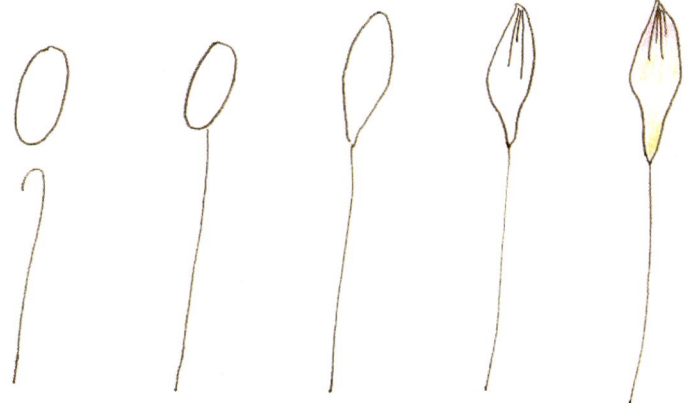

2 고리 모양으로 만든 철사에 약간의 반죽을 걸어 손으로 모양을 잡은 후 윌 커터를 이용해 칼집을 준다.
사이즈 별로 다양하게 만든 후 모스그린과 엑 옐로, 프럼으로 더스팅 한다.

 FLOWER TIP
사이즈를 다양하게 만들어 사이즈별로 분류해서 모아 둔다.
봉우리들의 사이즈가 다양해야 엮어 놓았을 때 보기 좋다.

Sweet Dreams를 위한 데코레이션

■ **커버링 하기**

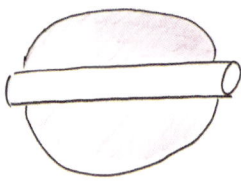

1 분홍색 슈가페이스트를 넓게 편다.

2 반죽을 밀대에 걸쳐 물을 바른 스티로폼 위에 걸친다.

3 윗면을 손바닥을 이용해 가볍게 문질러 붙인다.

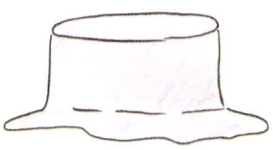

4 표면이 매끈해지도록 손바닥을 이용해 전체를 잘 눌러 붙인다.

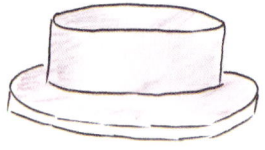

5 보드 위에 고정시킨다.

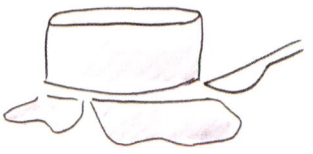

6 남는 페이스트는 잘라 낸다.

■ 드레이프(drape) 장식하기

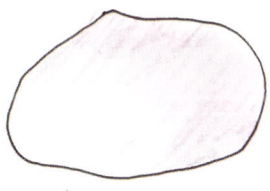

1 슈가 페이스트를 얇게 민다.

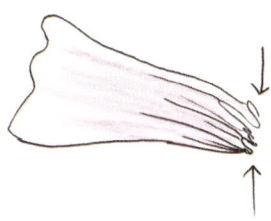

2 윗부분만 손가락으로 주름을 잡아 눌러 붙인다. 아직 반죽이 마르지 않은 상태라면 굳이 물을 사용하지 않아도 잘 붙는다.

3 수퍼 글루(페이스트에 소량의 물을 섞어 만든 풀)를 이용하여 커버링된 케이크 윗부분에 완성된 드레이프를 붙인다.

4 아랫부분도 주름을 잡아 정리하고 하단에 보기 좋게 붙인다.

■ 수퍼 글루(Super Glue)

페이스트에 아주 소량의 물을 섞어 치대다보면 반죽이 질어지면서 끈적끈적해진다. 이것을 수퍼 글루라 하며 굳으면 매우 단단해지므로 좋은 풀 역할을 한다.

〈Sweet Dreams〉를 위한 준비물 / 밀대, 보드, 셀 패드, 실, 철사, 윌 커터, 실크 베이닝 툴, 이쑤시개, 가위, 본 툴, 꽃 테이프, 여섯잎 커터, 작은 수술, 가는 붓, 알코올, 가루 색소(플럼, 오버진, 엑 옐로, 모스그린), 케이크 모양의 스티로폼, 케이크 보드, 수퍼 글루

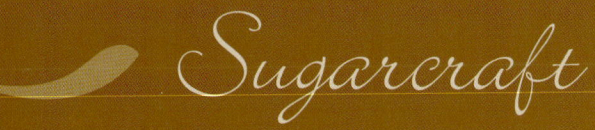

라비앙 로즈
- 장미와 안개꽃 -

사람마다 각자 가지고 있는 고유의 이미지가 있다.
백합처럼 청순한 사람이 있고, 장미 같은 화려함이 느껴지는 사람이 있다.
또한 소국처럼 소담스런 멋이 있는 사람도 있다.

나는 장미 같단다.
그것도 가시가 아주 많고 흐드러지게 활짝 핀 붉은 장미.

그도 그럴 것이 난 한 눈에 봐도 튀고 강한 인상이다.
일반 직장인들은 엄두도 못 낼 허리까지 내려오는 긴 웨이브 머리에
옷이며 액세서리는 또 얼마나 요란하던가? 요즘에나 커다란 눈, 코,
입을 지닌 이국적인 내 얼굴을 안젤리나 졸리과(?)라며 나름 인정해주지만
한 십여 년 전만 하더라도 동그란 눈에 작고 오똑한 코, 앵두 같은 입술의 얼굴을
예쁘다고 했다.그래서 그런가! 나와는 전혀 다른 느낌을 지닌 고전적이고
여성스럽기 그지없는 오밀조밀한 여인네들을 난 참 좋아한다.

꽃도 그렇다.
나는 원래 이국적이고 화려한 꽃을 좋아하지만 때론
누구나 아름답다 공감하고 인정하는
가장 고전적이며 안전한 메뉴 역시 좋아하는 이중성이 있다.

장미와 안개꽃이 가장 대표적인 예이다.
아무리 흔하고 촌스러워도 역시 장미는 예쁘다.
촌스럽게 예쁜 것도 나쁘지 않다.

장미

가장 친숙하면서 또 가장 화려한 꽃.
그 종류와 색상만 해도 어마어마하여
헤아릴 수 없을 정도이다.

사랑하는 사람에게 수줍게 내미는 장미 한 송이는
너무 뻔한 얘기지만 그래도 세계 어디서나
통하는 기분 좋은 레퍼토리가
아닐까 싶다.

장미 만들기

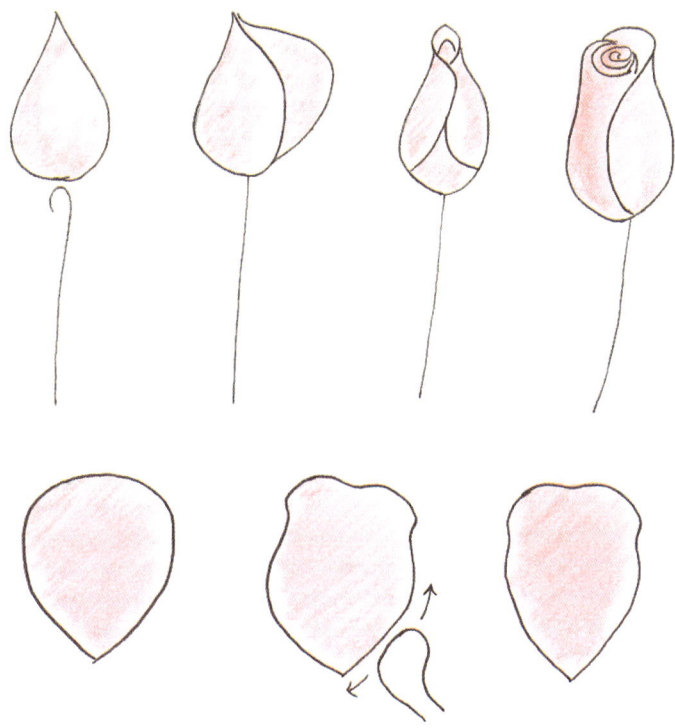

1 원하는 색의 반죽으로 심지를 만든다. 고리 모양으로 만든 철사에 만들어 놓은 심지를 고정시킨다.
작은 장미 꽃잎 틀로 넉 장을 찍어 한 장씩 돌려가며 붙인다.
같은 방법으로 꽃잎 세 장을 더 찍어 똑같이 반복한다.

2 ❶에서 사용한 것보다 큰 장미 꽃잎 틀로 세 장을 찍어 소용돌이 모양이 되도록 꽁꽁 싼다.
같은 사이즈의 꽃잎으로 세 장을 더 만들어 살짝 공간이 생기도록 돌려가며 붙여 준다.
세 장을 더 반복하되 꽃잎이 더 벌어지도록 하여 붙인다(꽃이 커지면 같은 과정을 더 반복하고 꽃이 작으면 과정을 생략한다).

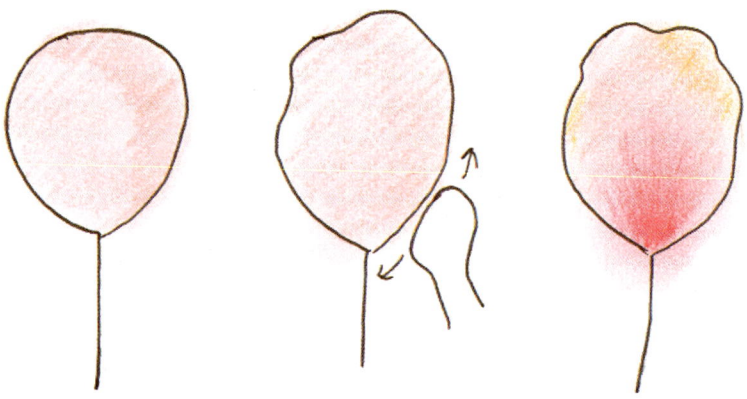

3 wired flowers 기법으로 꽃잎을 만든 후 모양을 잡고 색칠한다. 같은 방법으로 꽃잎 다섯 장을 만든다.

4 센터를 가운데 두고 그 주변을 돌아가며 다섯 장의 꽃잎을 테이핑 한다.
전체적으로 로즈, 엑 옐로를 섞어가며 더스팅 한다.

FLOWER TIP 장미 꽃잎에 색칠하기
여러 톤이 어우러지는 느낌을 주기 위해서는 꽃잎의 색과 더스팅 칼라의 색이 달라야 한다. 예를 들어 같은 노란 꽃이라 하여도 노란 꽃잎에 살짝 붉은 기가 도는 색을 칠해주면 입체적이고 재미있는 느낌을 줄 수 있지만, 노란 페이스트로 만든 노란 꽃잎에 같은 색상의 더스팅 컬러를 칠해주면 다소 밋밋한 느낌을 줄 수 있기 때문이다.

장미 잎사귀 만들기

1 연한 녹색 반죽으로 잎사귀 모양을 찍은 후 베이너로 무늬를 낸다.
프릴을 넣고 오버진과 모스그린으로 더스팅 한다.

2 머리 하나에 팔이 넷 또는 둘 달린 형상으로 테이프를 감는다.

안개꽃

레이스처럼 뽀얗고 화사한 효과를 주는 사랑스러운 꽃.
장미나 백합 같은 큰 꽃의 아름다움을 배로
살려주는 아주 고마운 꽃이다.

안개꽃 만들기

1 블러섬 커터를 이용하여 작게 찍은 꽃잎에 이쑤시개를 이용하여 프릴을 넣는다.

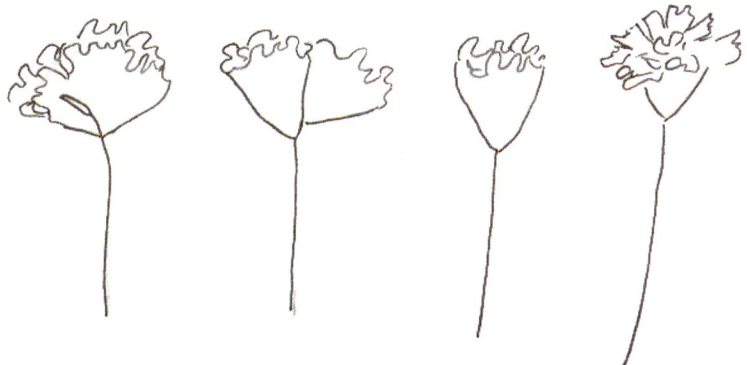

2 만든 꽃잎을 반으로 접어 그 위에 센터를 놓고 1/3은 앞으로, 1/3은 뒤로 접어 앞뒤로 포개지는 모양을 만든다. 더욱 가는 꽃잎을 만들기 위해 가위집을 잘게 넣는다.

 FLOWER TIP 센터 만들기
안개꽃의 꽃받침을 표현할 때 일반적으로 더스팅 컬러로 모스그린을 가볍게 칠해 주면 된다. 하지만 시간이 혹시 남아도는 경우엔 가는 세필로 일일이 꽃받침을 그려 주면 더욱 세밀한 표현을 할 수 있다. 성격을 망칠 수도 있으니 주의요망.

| 〈라비앙 로즈〉를 위한 준비물 | 밀대, 보드, 실, 철사, 가위, 본 툴, 꽃 테이프, 장미와 장미잎 커터, 블러섬 커터, 셀 패드, 굵은 철사, 가루 색소(로즈, 오버진, 엑 옐로, 모스그린) |

노을빛 추억

− 하이비스커스 −

하와이를 대표하는 꽃으로 널리 알려진 하이비스커스!
난 아직 한 번도 하와이를 가보지 않았다.
단지 어릴 적 엉덩이엔 치렁치렁 수건을 감고 손을 요리조리 꽈가며
훌라춤을 연습했던 기억이 전부다.
어린 마음에도 남들 앞에서 엉덩이를 흔들어 대며 춤추는 게 부끄러웠던지
혼자 몰래 엉덩이를 아주 빠르게 움직이는 연습을 해보곤 했다.
이 다음에 하와이에 가면 나도 꼭 예쁜 언니들처럼 머리에 꽃을 달고
훌라춤을 춰봐야지 하면서…….
어릴 적에도 공주병이 제대로 심각하긴 했나보다.

하이비스커스

하와이의 국화로 알려진 하이비스커스.
하와이 하면 생각나는 꽃무늬 남방에 그려진 꽃이 바로
하이비스커스이다.
언뜻 보면 우리의 무궁화와도 닮은 이국적인 꽃,
하이비스커스의 매력에 빠져 보자.

하이비스커스 만들기

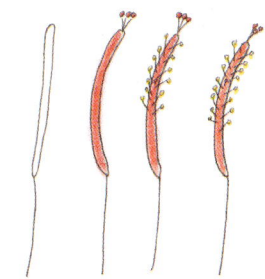

1 흰 반죽으로 철사를 감싼다. 작은 꽃술을 철사 머리 부분에 심은 후 붉은 색소를 색칠한다. 반죽이 마르기 전에 철사 전체에 작은 꽃술을 심는다. 꽃 술 머리에 엑 옐로를 사용해 더스팅 한다.

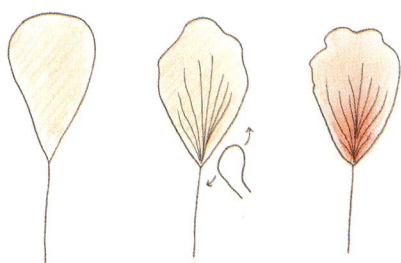

2 탠저린으로 물들인 반죽을 이용하여 꽃잎을 만든다. 본 툴로 가장자리를 마감한 후 루비와 로즈로 더스팅 한다. 같은 방법을 이용하여 다섯 장의 꽃잎을 만든다.

3 센터를 가운데 놓고 만들어 놓은 다섯 장의 꽃잎들을 테이핑 한다. 긴 가지(굵은 철사에 갈색 테이프를 감아 가지처럼 표현한 장식)에 덧대어 장식용 센터피스로 제작하거나 다양한 용도에 맞춰 작은 꽃장식이나 케이크 장식으로 써도 좋다.

FLOWER TIP 하이비스커스 암술 만들기

기다랗게 앞으로 뻗은 암술이 재미있게 생겼다. 여느 암술처럼 매초롬한 표면이 아니라 끝부분엔 수술처럼 작은 돌기들이 나와 있다. 평소 다른 꽃의 암술을 만들듯이 일단 철사를 플라워 페이스트로 감싸서 모양을 만들고, 그 페이스트가 마르기 전에 미리 머리 부분만 잘라 놓은 수술들을 핀셋을 이용해 하나씩 심어준다. 페이스트가 마른 후에는 구멍만 남기고 붙지 않으므로 마르기 전에 작업을 해야 한다.

| 〈노을빛 추억〉을 위한 준비물 | 밀대, 보드, 실, 철사, 윌 커터, 셀 패드, 가위, 본 툴, 꽃 테이프, 세로 줄무늬, 베이너, 가루 색소(루비, 로즈), 페이스트 색소(루비, 탠저린) |

스칼렛 오하라
- 양귀비 -

단 몇 송이만으로도 그 열정과 화려함을 느낄 수 있는 꽃.
나는 빨간 선홍빛이 도는 요염한 양귀비가 좋다.
아주 오래 전의 한 TV 광고에서 최불암씨가 빨간색 티셔츠를 입고 나와
'요즘 자꾸 빨간 색이 좋아져요' 라는 대사를 외친걸 기억한다.
그야말로 요즘 내가 가장 하고 싶은 말이다.
아직 나이를 운운하기엔 너무 젊지만 나날이 강렬하고 화려한 색을 찾는다는 것은
나도 슬슬 나이가 들어가고 있단 증거인가?

양귀비

미인의 대명사로 널리 알려진 양귀비 꽃.
마약의 한 종류인 아편의 원료로 쓰이기도 한다.
오묘한 분위기의 이 꽃은 꽃잎 자체가 너무나 얇아
자칫 잘못 보관하면 금새 시들어 주글주글 망가지기 십상이다.
슈가크래프트는 시들어 힘없이 하늘거리는 양귀비의
모습조차도 아름답게 만들어 오랫동안 감상할 수
있게 해주니 더할 나위 없이 고마운
존재가 아닐까?

양귀비 만들기

1 둥글게 고리모양으로 만든 철사에 연한 녹색 반죽을 끼우고 핀셋을 이용하여 모양을 낸다.
엑 옐로로 더스팅 하여 센터를 완성한다.

2 가는 수술을 10개 정도씩 묶어 엑 옐로로 더스팅 한 다음 센터를 중심으로 수술들을 감싸 테이핑 한다.

3 흰색 반죽을 이용하여 양귀비 꽃잎 모양으로 오린 후 세로 잎 베이너로 찍는다.
간간히 프릴을 넣은 후 루비와 탠저린, 옐로로 더스팅 한다.

4 작은 물방울 모양의 심지를 만들고 그 심지 위에 꽃잎을 붙인다. 초록색 반죽을 아래쪽에 서로 마주보도록 붙여 준 다음 가위집을 넣어 가슬가슬한 느낌으로 표현한다. 꽃과 같은 색으로 더스팅 한다.

 FLOWER TIP

① 센터 만들기
가운데 일정하게 모양이 생기는 센터는 핀셋을 이용해 만들어 준다.
스키 훅(가운데 고리를 만들어 눌러 놓은 훅) 위로 센터를 만들 페이스트를 적당량 붙여 모양을 다듬어 준 후 핀셋으로 여섯 등분을 하며 집어 준다.

② 꽃잎의 주름 잡기
쪼글쪼글한 주름이 잡힌 잎사귀가 양귀비의 포인트이다.
꽃잎 끝부분에 실크 베이닝 툴을 이용하여 불규칙한 모양의 프릴을 잡아준다.

③ 봉우리의 텍스처 표현하기
가슬가슬한 질감을 표현하기 위해서는 꽃받침을 붙인 뒤 공예용 가위를 이용하여 가위 끝으로 snip(끝부분만 조금씩 잘라 주는 기법)을 해주면 된다.
꽃받침 전체에 아주 작은 가위집을 넣어 준 후 손으로 한 번 쓸어내려 너무 튀어나온 부분이 생기지 않도록 마감해 주면 된다.

〈스칼렛 오하라〉를 위한 준비물	밀대, 보드, 실, 철사, 윌 커터, 셀 패드, 가위, 본 툴, 실크 베이닝 툴, 꽃 테이프, 핀셋, 줄무늬 베이너, 가루 색소(루비, 탠저린, 옐로)

Sugarcraft

깊은 산 오솔길 옆
- 산수국 -

산수국은 일반 수국보다 커다랗다는 것이 매력이다.
사실 산수국을 처음 본 것은 산속에서가 아니라 강남 지하 꽃상가에서였다.
너무 특이하게 생긴 산수국이 신기해 한참을 요리조리 보고 있으니
친절한 주인아주머니께서 '산수국' 이라고 이름을 알려주었다.
수국의 꽃말이 '변심' 이라던가?
알록달록 변하는 꽃의 색상 때문에 붙은 꽃말인가 보다.
다양한 색상만큼 매력도 다양한 수국.
참 예쁘다.

산수국

아직까지 일반 수국에 비해 흔히 볼 수 있는 꽃은 아니지만 커다란 꽃잎과 화려한 색감은 보는 사람들의 이목을 한눈에 끈다.

산수국 만들기

1 가는 수술(극소사씨)을 묶어 센터를 만든다. 수술을 묶어 만든 센터에 pulled flowers 기법으로 만든 작은 꽃을 꿴 다음 아프리칸 바이올렛을 이용해 더스팅 한다. 손으로 봉우리를 만든 후 더스팅 한다.

2 꽃잎 모양으로 만든 반죽을 장미 잎사귀 베이너로 찍은 다음 아프리칸 바이올렛으로 더스팅 한다.

 FLOWER TIP
가운데 센터가 되는 봉우리와 작은 꽃 부분을 엮다 보면 자칫 테이핑한 곳이 두터워져 둔탁하고 매끄럽지 못한 모양이 될 수 있다.
그런 것을 방지하고자 여러 봉우리와 꽃을 감을 땐 반드시 와이어 커터로 철사들을 층층이 잘라 정리해 주고 테이핑을 해야 한다.

3 가운데에 봉우리나 수술로 만든 센터를 중심으로 네 장의 꽃잎을 테이핑 한다.

〈깊은 산 오솔길 옆〉을 위한 준비물 / 밀대, 보드, 실, 철사, 셀 패드, 가위, 본 툴, 꽃 테이프, 작은 꽃잎 커터, 장미잎 베이너, 작은 수술, 가루 색소 (아프리칸 바이올렛)

나비야 나비야
- 온씨디움 -

일명 춤추는 발레리나로 불리는 온씨디움.
이름 한번 로맨틱하다.
작은 나비 모양의 꽃들이 한들한들 움직일 땐
정말 꼭 발레리나가 춤을 추는 듯 하다.
사뿐 사뿐 날아가듯이 춤을 추는 아름다운 댄서가
되길 간절히 소망하던 때가 있었다.
지금은 몸이 따라주지 못하니 손으로 대신 그 끼(?)를 푸는 건
아닐까 하고 가끔 혼잣말을 하며 웃는다.

온씨디움

우리에게 '개업란'으로 더 잘 알려진 온씨디움은
주변에서 흔히 볼 수 있어서 많이 눈에 익은 꽃이다.
화분을 이용해 풍성한 느낌의 커다란 모양으로
장식하는 것도 보기 좋지만 작게 만들어
꽃꽂이 하듯 수반에 장식하면 또 다른
매력을 느낄 수가 있다.

온씨디움 만들기

1 연한 노란색 반죽으로 만든 꽃잎을 철사에 꿰어 오려낸 후 밑 부분에 작은 구슬 모양의 반죽을 붙인 다음 윌 커터로 가운데 금을 그어 준다. 꽃잎에 프릴을 넣은 후 철사를 중심으로 반을 접는다.

2 얇은 반죽을 툴로 찍어 만든 다섯 잎 꽃잎을 ❶번에서 만든 철사에 꿰어 밀어 올린 다음 물을 발라 고정시킨다.

 FLOWER TIP
온씨디움의 화려한 무늬를 그리기 위해선 로열 아이싱용 액체 색소를 이용하는 편이 좋다. 페이스트 색소로 대체해도 되지만 기름기가 섞여 있는 페이스트 색소를 사용하면 아무래도 선이 끊겨져 그려질 수도 있고 뻑뻑하기도 하다. 어쩔 수 없이 페이스트 색소를 사용해야 할 경우엔 아주 극소량의 물을 섞어 겨우 붓이 움직일 정도의 묽기로 조절하여 무늬를 그려 넣어 준다.

3 엑 옐로로 더스팅 한 후 루비 또는 크리스마스 레스 페이스트 색소를 이용하여 점과 선을 그려 준다.

〈나비야 나비야〉를 위한 준비물	밀대, 보드, 실, 철사, 윌 커터, 셀 패드, 가위, 본 툴, 꽃 테이프, 가루 색소(엑 옐로), 페이스트 색소(루비), 가는 붓

봄이 오면
- 모란과 벚꽃 -

세련된 취향은 아니라고 볼 수 있는 나의 분홍에 대한 탐닉.
특히 커다랗고 꽃잎도 많아 화려하다 못해 천박한 느낌까지 줄 수도 있는
요란한 꽃을 참 좋아한다.

모란이 딱 내 취향이다.
한 송이만 만들어 놓아도 그 화려함은 견줄 데가 없다.
게다가 흐드러지게 핀 벚꽃으로 가지까지 엮어주니 더할 나위 없이 화사하다.

모란과 벚꽃을 사용한 센터피스의 경우 전시되었을 때의 자태가 화려하면서도
동양적인 분위기가 강해 특히 유럽이나 서구지역에서 인기가 좋다.
굳이 만든 이가 동양인임을 밝히지 않아도 신기하게들 맞추곤 한다.

내가 만든 모란 센터피스를 전시했던 영국의 한 전시회장에서의 일이다.
몇몇 사람들이 모여 내 작품을 두고
"이 아름다운 꽃은 어떤 일본 숙녀분이 했을까?" 라고
얘기를 하기에 난 이 작품의 작가는 바로 나이고,
나는 일본인이 아닌 한국사람이라고 말했다.
아마도 아직은 우리나라보다 일본이 슈가크래프트로 더 잘 알려졌기에
슈가크래프트를 하는 동양인은 일본인일거라는 고정관념 때문이었겠지만
조금은 씁쓸한 기억이다. 머지않아 국내에서도 일본을 앞서가는
많은 작가가 활동하리라는 기대를 가져 본다.

모란

모란, 목단, 작약 모두 같은 종의 꽃을 지칭하는 명칭이다. 꽃 한 송이의 크기가 어른 주먹보다도 큰 화려한 이 꽃은 매우 이국적이면서도 동양적인 분위기가 물씬 풍겨난다. 환갑이나 칠순 잔치 같은 어른들을 위한 선물이나 동양적인 분위기의 행사장을 장식하는 센터피스에 어울린다.

모란 만들기

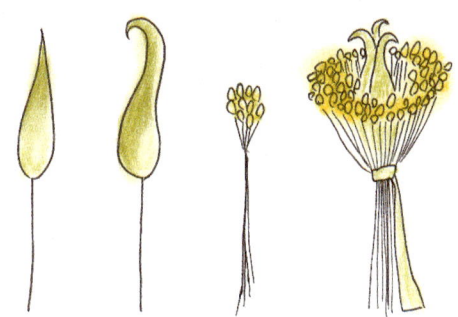

1 철사에 연한 녹색 반죽을 꿰어 그림의 모양이 되도록 형태를 잡는다(3개).
반죽이 굳기 전에 서로 맞대어 테이핑한 후 그 주위로 수술을 감는다.

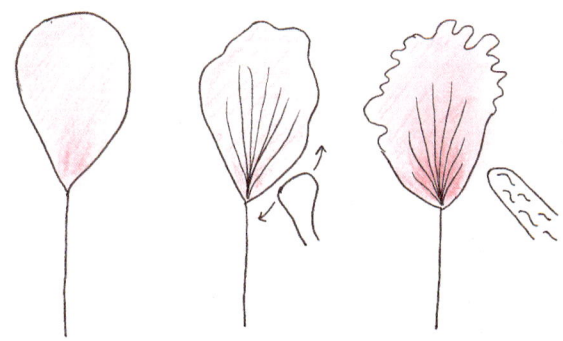

2 연한 분홍색 반죽으로 꽃잎을 찍는다.
만든 꽃잎에 줄무늬 베이너로 모양을 낸 후 본 툴을 이용해 가장자리를 굴린다.
중간 중간 실크 베이닝 툴로 프릴을 넣는다.
작은 꽃잎은 4~5개, 큰 꽃잎은 5~6개 정도 만든다.

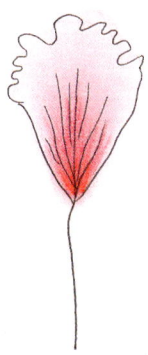

3 철사를 안으로 살짝 구부려 꽃잎을 오목하게 만든 다음 플럼으로 더스팅 한다.

4 가운데 센터를 놓고 작은 꽃잎부터 차례로 테이핑 한다.

 FLOWER TIP
두툼한 센터부분 세 개를 한데 엮을 때는 반드시 각 센터가 굳기 전이어야 한다. 이미 굳어버린 센터를 한데 모아 중심을 맞춰 엮기란 여간 어려운 게 아니기 때문이다. 반드시 굳기 전에 서로 묶어주고 윗면이 맞닿도록 손으로 형태를 잡아준다.

벚꽃

흩날리는 꽃잎이 마치 하얀 눈 같은 벚꽃은 꽃 자체만으로
훌륭한 장식이 될 수 있을 만큼 예쁘다.
또, 가지채를 이용해 센터피스의 전체적인 라인을
잡아주는 역할로 장식의 아름다움을 더욱
돋보이도록 할 수 있다.

벚꽃 만들기

1 약 3~5개의 가는 꽃씨를 묶어 준비한 다음 끝부분을 엑 옐로로 더스팅 한다.

2 연한 분홍색 반죽을 이용하여 멕시칸 햇 기법으로 다섯 장 꽃잎을 만든다.
각 꽃잎에 프릴을 넣고 수술에 꿴 후 같은 방법으로 꽃잎을 하나 더 만들어 한 겹 겹쳐 붙인다.

3 꽃잎 가장자리에 루비 또는 버건디로 더스팅 한다.

4 멕시칸 햇 기법으로 꽃받침을 만들어 붙인다.

 FLOWER TIP
첫 번째 꽃잎과 두 번째 꽃잎을 겹칠 때 밑동 부분이 너무 굵으면 두 번째 꽃잎의 한 가운데에 구멍이 나기 쉽다. 첫 번째 꽃잎을 붙일 때 밑동이 너무 커지지 않도록 조심해야 한다.

〈봄이 오면〉을 위한 준비물	밀대, 보드, 실, 철사, 윌 커터, 셀 패드, 가위, 본 툴, 꽃 테이프, 세로 줄무늬 베이너, 다섯잎 꽃잎 커터, 극소사씨(작은 수술), 셀 스틱, 가루 색소(플럼, 엑 옐로, 루비 또는 버건디), 페이스트 색소(클라렛, 크리스마스 그린), 가는 붓

Sugarcraft

기다림

― 수선화 ―

런던에서 웨이브릿지라는 근교로 이사갔을 때의 일이다.
그곳의 고급스럽고 한적한 분위기가 마음에 드는 것은 물론이었고 사방을 둘러봐도
집집마다 꽃으로 가꿔져 있는 모습에 더욱 호들갑을 떨었다.
그중에서도 가장 많이 눈에 띄었던 꽃이 바로 수선화인데 나는 그전까지 그렇게
다양한 종류의 수선화를 본 적이 없었던지라 마냥 신기하기만 했었다.

살포시 고개 숙인 수선화의 수줍음이 아름답다.

수선화

강을 건너던 나르시스.
문득 바라본 강물에 비친 자신의 아름다운 모습에
넋을 잃었다. 손을 뻗어 만져보고자 하는 욕망이 너무도
강한 나머지 물의 깊이를 따질 이성 따윈 잊은 지 오래다.
아름다운 나르시스는 그렇게 깊은 강물 속으로 사라져 버렸다.

슬픈 전설과 어울리지 않게 '나는 당신을 사랑합니다' 라는
로맨틱한 꽃말을 가진 수선화.
아름다운 수선화로 사랑하는 이에게 달콤한 고백을
해보는 것도 색다를 듯싶다.

수선화 만들기

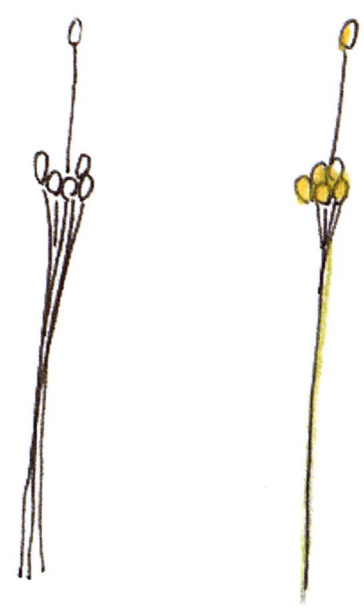

1 가는 꽃술 여섯 개를 만들어 그 중 한 개를 길게 뺀 형태로 테이핑 한다.
끝 부분에 엑 옐로로 더스팅 한다.

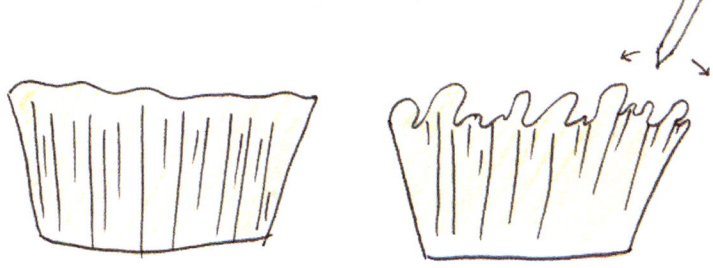

2 연한 노란 반죽을 재단하여 줄무늬 베이너로 찍은 후 가는 스틱이나 이쑤시개를 이용하여 끝부분에 잔 프릴을 넣는다.
가위집을 넣은 후 대롱처럼 말아 물을 묻혀 붙여 준다.

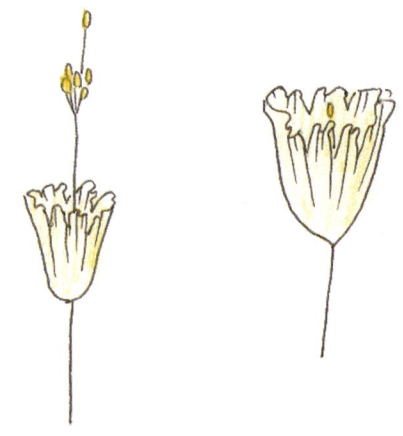

3 ❶에서 만든 센터에 끼운 후 엑 옐로로 더스팅 한다.

4 꽃잎을 밀어 세로 줄무늬 베이너로 찍은 다음 프릴을 주고 다포딜 또는 프라임 로즈를 이용해 더스팅 한다. 이 같은 방법으로 총 여섯 장의 꽃잎을 완성한다.

5 ❸에서 완성된 센터를 중심으로 여섯 장의 꽃잎을 테이핑 한다.

6 꽃의 아랫부분에 페이스트를 조금 떼어 붙이고 손으로 모양을 잡아 길게 빼준다.
다포딜 또는 프라임 로즈로 더스팅 하여 마무리 한다.

FLOWER TIP
수선화의 길게 빠진 trumpet(편의상 입술이라 하겠다)의 끝부분은 종류에 따라 그 모양이 매우 다양하다.
주글주글 길게 빠진 경우에는 불규칙하게 마감되는 끝부분의 모습이 관건이다.
이쑤시개로 끝부분을 세게 눌러가며 주름을 잡으면 만족할만한 세밀한 주름이 표현된다.

〈기다림〉을 위한 준비물	밀대, 보드, 실, 철사, 휠 커터, 셀 패드, 가위, 본 툴, 꽃 테이프, 콘 베이너, 작은 수술, 가루 색소(다포딜, 엑 옐로), 페이스트 색소(엑 옐로)

Sugarcraft

회상

- 알스트로미리아, 스테파노티스, 다프네 -

풍성하고 화려한 느낌의 유럽식 꽃꽂이도 좋지만
선으로 공간의 여백을 표현하여 간결한 느낌을 주는
동양식 꽃꽂이의 묘한 매력 또한 대단하다.

가슴에 남겨진 아련한 추억을 향해
손을 내민 듯 길게 뻗은 선들로
나의 마음을 표현하였다.

알스트로미리아

국내에선 아스트로에메리아라는 좀 더 어려운 이름으로 표기된다(영어식 표기법이 실제 발음과는 조금 다르게 변형된 경우가 있으니 눈여겨봐야 한다). 백합을 닮아 Lily of Inca's(잉카의 백합)이라고 불리기도 하는 알스트로미리아는 꽃집에서 흔하게 볼 수 있음에도 불구하고 부르기 어려운 탓인지 꽃 이름을 아는 이가 많지 않다.

적당한 부피감과 다양한 색상을 가진 알스트로미리아는 작은 꽃들과 함께 부케나 꽃바구니 제작에 사용된다.

알스트로미리아 만들기

1 연한 노란색 반죽으로 수술을 만든 다음 윌 커터로 반죽 가운데에 선을 긋는다.
흰색 테이프를 삼등분한 후 꼬아서 암술을 만든다.

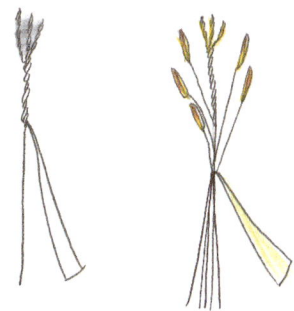

2 암술을 중심으로 약간 아래쪽에 수술 다섯 개를 묶은 다음 엑 옐로로 더스팅 한다.

3 꽃잎에 프릴을 주고 윗 부분을 손으로 꼭 집어서 눌러 준다.
가운데 철사를 약간 뒤로 젖혀 모양을 잡은 다음 모스그린과 엑 옐로, 루비로 더스팅 한다.
이와 같은 방식으로 넓은 꽃잎 세 장, 좁은 꽃잎 세 장을 만든다.

4 좁은 꽃잎에만 가는 붓을 이용하여 클라렛으로 신에 가까운 점을 찍는다.

5 좁은 꽃잎 두 장은 거의 포개지듯 가까이 묶고 나머지 한 장은 마주 보게 테이핑 한다.

6 좁은 꽃잎들 사이사이에 넓은 꽃잎을 섞어 엮는다.

FLOWER TIP 센터 만들기

알스트로미리아는 안쪽 꽃잎 세 장, 바깥쪽 꽃잎 세 장으로 이루어진 꽃이다.
안쪽 꽃잎 두 장은 거의 겹쳐 있고 나머지 한 장은 외로이 따로 떨어져 있으므로 테이핑 할 때 같은 간격으로 묶지 않도록 주의한다.

스테파노티스

은은한 향이 너무나도 아름다운 스테파노티스는
박주과리과라는 조금은 경박스런 과명을 가지고 있다.
쟈스민과 매우 흡사하게 생겼으나 전혀 다른 덩굴과
식물로 쟈스민처럼 코사쥬나 부케 사이사이에 들어가
큰 꽃들의 아름다움을 더욱 빛내주는 역할을 한다.

스테파노티스 만들기

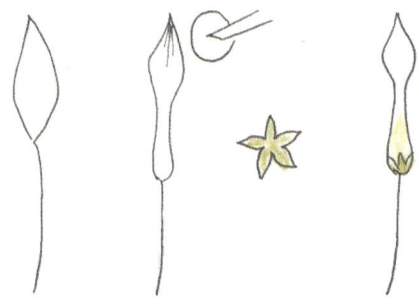

1 흰 색 페이스트를 이용하여 작은 물방울 모양의 반죽을 만든다.
손으로 갸름한 모양의 꽃잎을 만든 후 작은 꽃받침을 오려 붙인다.
다포딜 또는 프라임 로즈를 이용해 밑둥에만 더스팅 한다.

2 멕시칸 햇 기법으로 다섯 장 꽃잎을 찍은 후 실크 베이닝 툴을 이용해서 꽃잎을 밀어 편다.
작은 꽃받침이 너무 딱 달라붙지 않도록 하여 붙인다.

3 다포딜 또는 프라임 로즈로 밑둥에서부터 더스팅 한다.

FLOWER TIP
꽃을 만드는 데 별다른 큰 어려움은 없으나 꽃받침 부분이 딱 달라붙어 있는 형태가 아니므로 부서지기 매우 쉽다. 너무 얇게 밀어 붙이면 색칠하는 과정에서 부서질 수 있으니 조금 도톰하다 싶을 정도로 만들어 주는 게 안전하다.

다프네

서향나무 또는 천리향이라고도 불리는 꽃,
향기가 천리 밖에까지 날만큼 향기롭다하여 붙여진 이름이다.
아직 향기를 맡아 보진 못했지만 그 자주빛만으로도 충분히
아름다움을 느낄 수 있을 만큼 매혹적이다.
다프네는 영문상의 뜻으로는 월계수를 지칭하기도 한다.
아폴로의 사랑을 거절하고 도망다니다가 잡히려는 순간
월계수 나무로 변해버린 강물 신의 딸을 추억하기 위해
아폴로는 월계수 잎을 항상 몸에 지녔다고 하는 전설을 가지고 있다.

다프네 만들기

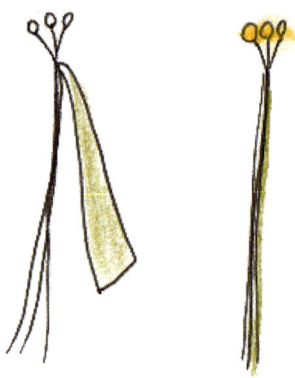

1 작은 수술(극소사씨) 세 개를 테이핑 한 다음 끝부분에 엑 옐로로 더스팅 한다.

2 흰 반죽으로 pulled flowers 기법을 사용하여 꽃을 만든다.
각 꽃잎을 넓게 밀어 펴고 끝부분을 손으로 꼬집어 뾰족하게 만든다.

3 꽃에 수술을 꿴 후 꽃의 안쪽은 남겨 두고 뒷면에만 바이올렛을 이용하여 더스팅 한다.

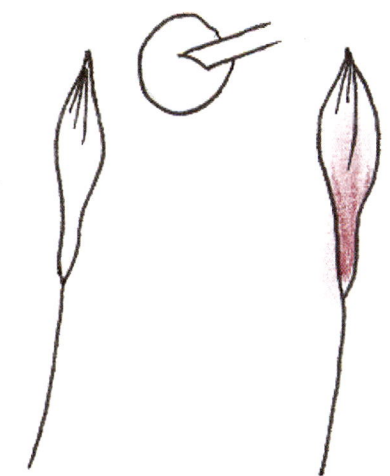

4 봉우리 모양의 반죽을 만든 후 가위집을 넣어 텍스처를 살린다.
아주 작은 봉우리에서부터 큰 봉우리까지 사이즈를 다양하게 만든다.
끝부분으로 갈수록 연해지게 바이올렛으로 더스팅 한다.

 FLOWER TIP
작고 뾰족한 꽃잎의 끝을 표현하기 위해 손끝으로 꼬집어 준다.
작은 핀셋을 이용할 수도 있으나 불필요한 자국을 남기므로 손으로 조심스럽게 핀치하는 것이 좋다.

〈회상〉을 위한 준비물	밀대, 보드, 실, 철사, 윌 커터, 셀 패드, 가위, 본 툴, 꽃 테이프, 백합 베이너, 작은 수술, 가루 색소(루비, 모스그린, 엑 옐로, 다포딜, 바이올렛), 페이스트 색소(클라렛), 셀 스틱, 작은 수술

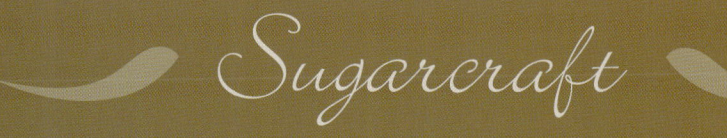

내게로

– 심비디움 –

마치 두 팔을 벌려 환영하듯 나를 맞아 주는 심비디움.
그 이국적인 모습이 참 매력적이다.
더스팅에서부터 페인팅까지 까다롭게 손이 많이 가는 작품이지만
완성된 후의 만족감 또한 매우 높다.

심비디움

국내에서 가장 흔하게 볼 수 있는 서양란의 한 종류인 심비디움은 개업식, 축하 선물 등으로 매우 대중적인 인기를 누리고 있다.
설탕으로 만들어진 심비디움은 슈가크래프트 작품의 특성상 오랫동안 보관할 수가 있어서 주는 이와 받는 이 모두에게 특별한 의미를 선물할 수 있지 않을까!

심비디움 만들기

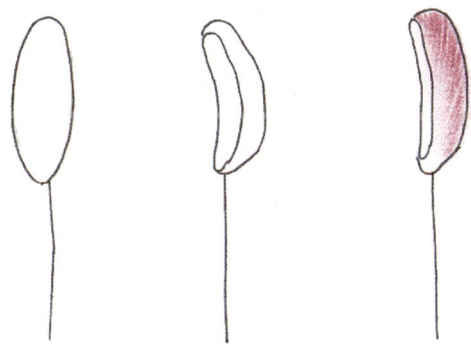

1 흰색 반죽을 강낭콩 크기만큼 떼어 센터를 만든다.
본 툴로 가운데를 오목하게 눌러준 후 뒷면에 루비, 바이올렛으로 더스팅 한다.

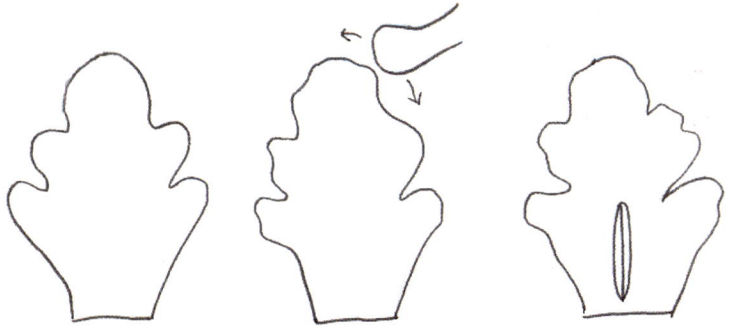

2 반죽을 틀로 찍어 낸 후 가장자리에 프릴을 넣은 다음 쌀알만한 반죽을 떼어 붙이고 가운데 선을 그어 준다.

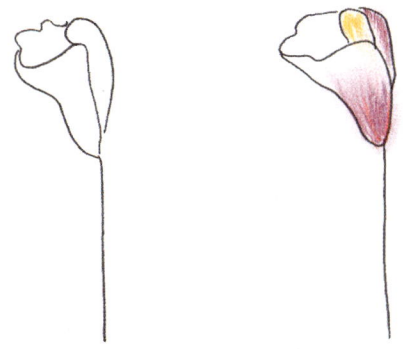

3 양 옆에 물을 발라 센터를 감싸는 모양으로 감아 붙인다.
대롱처럼 보이도록 모양을 잡고 루비와 바이올렛으로 더스팅 한다.

4 꽃잎을 오려서 세로줄 베이너로 찍은 후 가장자리를 굴려 모양을 잡은 다음 스프링 그린, 루비, 바이올렛과 엑 옐로로 더스팅 한다.

5 가운데 센터를 놓고 다섯 장의 꽃잎을 감아 준다.
클라렛 색상의 페이스트 색소에 물을 아주 조금만 섞어 점을 찍는다.

 FLOWER TIP 센터 만들기
심비디움 센터를 감싸고 있는 입술 부분의 페인팅이 중요하다.
잘 그리고 싶은 마음에 너무 공들여 일정한 모양으로 무늬를 그려 넣으면 인위적으로 보이기 쉬우므로 불규칙하게 못생긴 점들을 마구 그려 넣는 편이 훨씬 더 자연스럽고 아름답다.

〈내게로〉를 위한 준비물	밀대, 보드, 실, 철사, 월 커터, 셀 패드, 가위, 본 툴, 꽃 테이프, 심비디움 커터, 세로 줄무늬 베이너, 가루 색소(스프링그린, 루비, 바이올렛, 엑 옐로), 페이스트 색소(클라렛)

Sugarcraft

차이나타운
- 작약 -

크고 화려한 꽃을 보면 왠지 중국이 떠오른다.

언젠가 본 '황후화' 라는 영화 가득한 꽃분홍색이 나의 뇌리에
매우 강렬하게 남았다. 그전까지 그저 유치하게만 생각되었던
꽃분홍색이 그렇게 예뻐 보일 수가 없었다.

단 한 송이만으로도 주변을 환하게 밝혀주는
분홍색 작약은 참 위풍당당해 보인다.

작약

모란과 매우 닮은꼴이지만 풀의 형태를
지닌 초본성을 작약이라 하고 나무 꽃이 피는 목본성을
모란이라 한다. 겹겹이 쌓인 꽃잎의 모양은 넓은 것부터
뾰족하고 가는 것, 끝이 갈라진 것 등
종류가 매우 다양하다.

모양만 예쁜 것이 아니라 한방에서 작약은
뿌리는 말려 보혈과 지혈제로, 작은 꽃봉오리는
약재로 사용하는 기특한 꽃이다.
작약은 중국에서 많이 재배가 되는데
그런 이유때문인지 흐드러지게 핀 작약은
늘 중국을 떠오르게 한다.

스윗피

콩꽃이라고 불리는 덩굴 식물이다.
스윗피라는 이름과 걸맞게 그 향기가 달콤하다.
나풀나풀 한들거리는 특징을 가진 스윗피는
큰 꽃과 함께 장식할 때 더욱 빛을 발한다.

스윗피 만들기

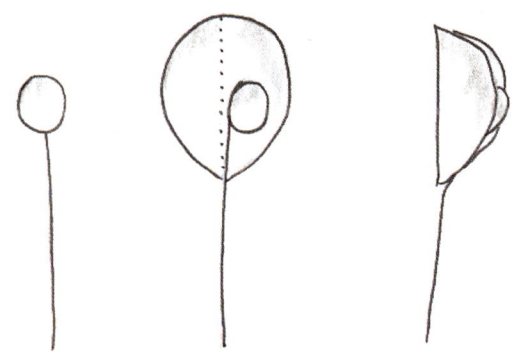

1 흰색 반죽을 팥알만큼 떼어 둥글고 납작하게 만든 다음 고리 모양의 철사에 걸어 고정시킨다.
작은 장미 커터로 찍은 반죽을 반으로 접어 감싸 붙인다.

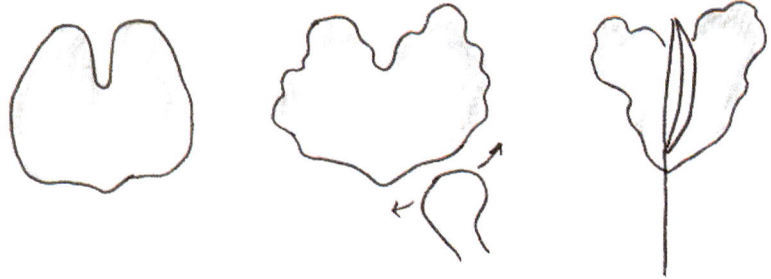

2 두 번째 꽃잎을 찍어 프릴을 강하게 넣어 준다(작은 봉 쪽으로 세게 문지르면 강한 프릴이 나온다).
물을 발라서 센터에 붙여 고정시킨다.

3 ❷번과 같은 방법으로 세 번째 꽃잎을 만든다.

4 여러 색상을 섞어 더스팅 한다(예 : 바이올렛, 플럼, 콘플라워).

 FLOWER TIP
프릴을 예쁘게 잘 잡기 위해서는 꽃잎의 반죽 상태가 아직 말랑말랑하게 굳지 않은 상태여야만 한다.
굳기 시작한 반죽으로는 아무리 세게 프릴을 넣어도 찢어지기만 할 뿐 주름은 잡히지 않는다.

쟈스민

그윽한 향과 차로 더 유명한 쟈스민.
그 아름다운 향기만큼이나 작은 꽃 모양새 또한 사랑스럽다.
꽃의 크기가 작기 때문에 그 자체로는 큰 장식효과를
볼 수 없지만 주로 큰 꽃들과 함께 사용되어
전체적인 분위기를 화사하게 표현해주는 역할을 한다.

쟈스민 만들기

1 물방울 모양으로 만든 페이스트 가운데에 구멍을 낸다.
반죽을 다섯 등분하여 손으로 각각 뾰족하게 다듬어 꽃잎 모양으로 만든 후 실크 베이닝 툴을 이용해 얇게 밀어 편다.

2 만든 꽃잎을 철사에 걸어 끼워 완성한다.

 FLOWER TIP
꽃잎을 다섯 등분한 후 각 꽃잎의 끝부분을 손으로 집어서 눌러 주지 않으면 끝부분이 사각으로 넓게 퍼질 수가 있으므로 반드시 실크 베이닝 툴을 사용하기 전에 손으로 형태를 잡아준다.

피트리아

캐리비안의 정열을 담은 꽃.

작은 꽃을 중심으로 뻗어 있는 긴 잎들까지 모두
한 송이의 꽃처럼 보이지만 사실 가운데의 작은 꽃을
제외한 나머지는 일종의 꽃받침이다.
흰색이나 보라 톤의 아름다운 색을 지닌 이 꽃은 주변에서
흔히 볼 수 없기에 감상하는 재미가 남다르다.
평범한 꽃 장식을 특별하게 만들어 주는 이국적인 꽃,
피트리아의 아름다움에 빠져 보자.

피트리아 만들기

1 흰색 반죽을 멕시칸 햇 기법으로 모양을 만들어 작은 다섯 잎 커터로 꽃을 만든 다음 철사에 끼운다.

2 바이올렛과 콘플라워로 더스팅을 한 가늘고 긴 잎 다섯 장을 만든다. ❶에서 만든 꽃을 가운데 놓고 마치 꽃잎처럼 보이는 긴 잎(sepal-꽃받침) 다섯 장을 둘러가며 테이핑 한다.

 FLOWER TIP
센터에 있는 아주 작은 꽃모양은 일반 셀 스틱으로는 밀어 펴기가 힘들다.
이럴 땐 이쑤시개를 이용하면 간단하다.

〈퀸 빅토리아〉를 위한 준비물	밀대, 보드, 실, 철사, 윌 커터, 셀 패드, 가위, 본 툴, 꽃 테이프, 스윗피 커터, 셀 스틱, 실크 베이닝 툴, 작은 다섯 잎 커터, 가루 색소(바이올렛, 플럼, 콘플라워)

내 이름을 묻지 마세요
- 슬리퍼 오키드 -

우아하고 신비로운 자태를 뽐내는 슬리퍼 오키드.
하지만 그 생김새와 전혀 어울리지 않는 개불알꽃이라는
민망한 이름을 처음 들었을 때 나는 깜짝 놀랐다.
그 뒤로 나는 그냥 그 민망한 이름은 잊기로 했다.
왠지 내가 처음 가졌던 신비한 느낌이 사라지는 기분이 들었기 때문이다.

슬리퍼 오키드는 자체의 페인팅과 색상이 독특해 특별한 장식 없이
단아함을 강조한 센터피스를 만들어 보았다. 정교한 더스팅과
페인팅 때문에 공이 많이 들어가는 작품이지만 사람들에게
많은 찬사를 들은 작품 중의 하나라서 매우 애틋하다.

슬리퍼 오키드

불룩한 주머니 모양의 재미있는 난.
종류에 따라 다양한 색상을 가지고 있으며 줄무늬, 점,
불규칙한 얼룩 등 패턴 또한 여러 가지이다.
윈난, 쓰촨, 티베트 남동부, 미얀마 북부 지역에서 자라는
슬리퍼 오키드는 약 1932년경 영국의 식물학자에 의해
처음 발견되었다.
현재는 슬리퍼 오키드 동호회가 따로 있을 정도로
그 독특한 매력에 빠진 이들이 많다.

슬리퍼 오키드 만들기

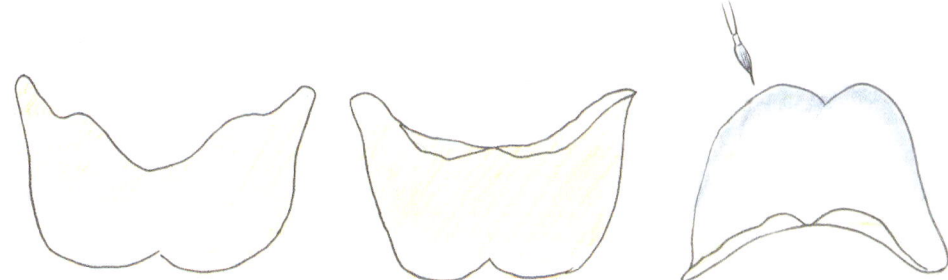

1 연한 녹색 반죽으로 패턴을 오린 후 윗면은 살짝 접어 모양을 잡고 아래쪽엔 물을 발라 붙인다.

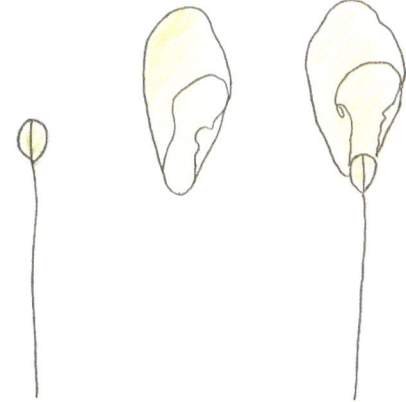

2 물을 바른 부분을 붙여 주머니 모양을 만든 다음 주머니 안쪽에 본 툴을 넣어 경계선이 생기지 않도록 눌러 준다.
철사에 팥알만한 페이스트를 꿰어 선을 그은 후 주머니에 붙인 다음 모스그린과 엑 옐로로 더스팅 한다.

3 넓은 꽃잎과 좁은 꽃잎을 각각 한 장씩 만든다.
세로 줄무늬 베이너로 찍은 후 가장자리를 본 툴로 굴려 준다.

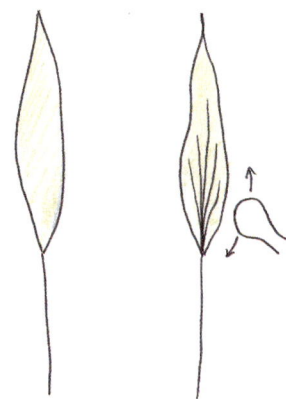

4 ❸과 같은 방법으로 길고 좁은 잎도 두 장 만든다.

5 크리스마스 그린색의 페이스트 색소 약간을 물에 섞어 가는 붓으로 선을 그린다. 모스그린으로 더스팅 한 다음 엑 옐로로 음영을 준다.

6 주머니를 중심으로 각 잎들을 테이핑 한다.

7 사진에서는 일반 잎을 다뤘으나 때에 따라 점이 찍힌 잎을 사용하기도 한다.
잎사귀 위에 검은색 점을 찍은 다음 점이 마르면 모스 그린으로 더스팅 한다.

FLOWER TIP
어렵게 느껴지겠지만 의외로 만들기 쉬운 것이 바로 주머니를 만드는 부분이다.
경계선이 보이지 않게 하기 위해서는 겹쳐지는 가장자리를 잘 붙여야 하는데 이때 페이스트는 반드시 말랑한 상태여야 한다.
이미 굳은 상태의 페이스트는 아무리 물칠을 해도 잘 붙지도 않고 서로 뭉쳐지지 않으므로 경계선이 보이게 된다.

〈내 이름을 묻지 마세요〉를 위한 준비물 / 밀대, 보드, 실, 철사, 윌 커터, 셀 패드, 가위, 본 툴, 꽃 테이프, 세로 줄무늬 베이너, 가루 색소(모스그린, 엑 옐로), 페이스트 색소(크리스마스 그린, 블랙)

질투는 나의 힘
- 플레임 릴리 -

난 에너지가 많은 사람인가보다.
하고 싶은 일과 해야 할 일들이 어찌나 많은지 계획만 세우기도 바쁘다.
그러다 갑자기 한풀 시들해지면서 언제 그랬냐는 듯 한없이 게을러지기도 하는데
그럴 때 내 정신을 번쩍 들게 해주는 것은 다름 아닌 '질투'이다.
내가 질투 부릴 때 모습은 꽤나 재미있단다.
겉으론 아무렇지도 않은 척 하고 있지만 벌써 내 눈동자는 나의 질투심이
발해내는 불꽃으로 이글거리고 있고 숨까지 가빠지는 것이,
샘내는 모습을 감추지 못한다.
그렇게 나는 또 다시 새로운 일에 몰두할 수 있는 새로운 에너지를 충전한다.
왜 그런지 모르겠지만 처음 플레임 릴리를 보았을 때
난 그냥 질투란 단어가 떠올랐다.
그 첫인상이 너무나 강렬하여 마치 불꽃을 내뿜고 있는 것처럼 보였다.
내 가슴만큼이나 뜨거운 듯 느껴지는 플레임 릴리의 정열을 담아 보았다.

플레임 릴리

이름처럼 불꽃이 타오르는 듯한 정열적인 모습을 한 꽃이다.
짐바브웨이의 국화로 알려진 플레임 릴리는 강렬한 인상의
겉모습과 어울리는 치명적인 독성을 가지고 있어
많이 먹으면 생명에 지장을 줄 수도 있다고 한다.
무시무시하지만 결코 거부할 수 없는 치명적인
아름다움의 유혹은 대단하다.

플레임 릴리 만들기

1. • 암술 – 연두색 테이프를 삼등분한 후 각각 꼬아서 철사에 연결시킨 다음 가위로 다듬는다.
       철사 아래쪽에 연두색 반죽을 붙인 후 윌 커터를 이용하여 삼등분이 되게 선을 긋는다.
   • 수술 – 흰 철사를 ㄱ자가 되게 꺾어 준비한다.
       연한 노란색 반죽을 철사 아래 부분부터 위까지 붙인 다음 살짝 휘어준다.

2. 센터가 되는 암술에 수술 여섯 개를 감싸 테이핑 한다.

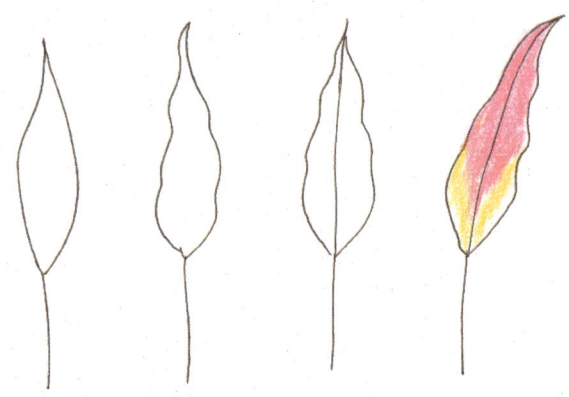

3 반죽을 밀어 펴 만든 꽃잎을 철사에 꿰어 본 툴을 이용해 강한 프릴을 넣는다.
　가운데에 철사를 중심으로 접힌 자국이 나도록 한다.
　붉은색의 크리스마스 레드와 노란색의 엑 옐로 페이스트 색소로 페인팅 한다.
　같은 방법으로 여섯 장의 꽃잎을 만든다.

4 ❷의 센터를 중심에 두고 여섯 장의 꽃잎을 테이핑 한 다음 꽃잎을 뒤로 젖혀 모양을 만든다.

 FLOWER TIP
꽃잎의 커브가 너무 심하면 나중에 다 엮은 후 뒤집어 모양을 잡을 때 매우 어색한 형태가 나오므로 꽃잎을 너무 뒤로 젖혀 구부리지 않는다.

| 〈질투는 나의 힘〉을 위한 준비물 | 밀대, 보드, 실, 철사, 윌 커터, 셀 패드, 가위, 본 툴, 꽃 테이프, 페이스트 색소(엑 옐로, 루비) |

최정윤의
개인전시회

The association of Pastry chefs (영국 페스츄리 셰프 연합) 파티 센터피스 장식
국내 최초 슈가크래프트 개인전 '설탕의 달콤한 초대' – 2006년 5월 인사동 경인 미술관
두 번째 개인전 '설탕의 달콤한 초대 2' – 2007년 5월 동숭동 목금토 갤러리
세 번째 개인전 '설탕의 달콤한 초대 3' – 2008년 5월 인사동 경인 미술관 아틀리에
네 번째 개인전 '설탕의 달콤한 초대 4' 예정 – 2009년 6월 인사동 경인 미술관 아틀리에
영국 문화원 주최 슈가크래프트 프로모션 – 2006년 3월 소공동 롯데호텔
제 1회 잉글리쉬 뷰티 슈가크래프트 회원전 – 2007년 9월 목금토 갤러리
제 2회 잉글리쉬 뷰티 슈가크래프트 회원전 – 2008년 11월 JW메리어트호텔
슈가크래프트 초대전 및 시연 행사 – 2006년 10월 롯데백화점 영등포점
화이트데이 슈가크래프트 초대전 – 2007년 3월 롯데백화점 분당점
발렌타인데이 슈가크래프트 초대전 – 2008년 2월 현대백화점 무역센터점
화이트데이 슈가크래프트 초대전 – 2008년 3월 현대백화점 천호점